P A S S E P A R T O U T

13

Collana a cura di: Paolo Fabrizio Iacuzzi
Progetto grafico e impaginazione: Enrico Albisetti

Titolo originale: *The Prophet – Sand and Foam*

Introduzione: Silvia Lutzoni
Traduzione: Francesco Franconeri

www.giunti.it

Via Bolognese 165 – 50139 Firenze – Italia
Piazza Virgilio 4 – 20123 Milano – Italia
Prima edizione: gennaio 2016
Prima ristampa: aprile 2016

Gibran Khalil Gibran

IL PROFETA
SABBIA
E SCHIUMA

Introduzione di
Silvia Lutzoni

GIUNTI DEMETRA

Silvia Lutzoni
presenta in 10 parole chiave
Il Profeta
e *Sabbia e schiuma*

1
AFORISMA
2
ANTIDOGMATICITÀ
3
ARMONIA
4
UNITÀ
5
ORIENTALE
6
SPERIMENTAZIONE
7
SAGGEZZA
8
ROMANTICISMO
9
BIBBIA
10
SPIRITO

1
AFORISMA

Con una produzione in prosa e poesia, in arabo e in inglese, che pur non essendo vastissima ha avuto un'ampia diffusione, Gibran Khalil Gibran nel corso dell'ultimo secolo è stato alternativamente considerato come un profeta o un ciarlatano, un maestro spirituale o un opportunista, un filosofo o un semi-illetterato, un saggio o un millantatore, un poeta o un mistificatore. Sebbene ancora permanga qualche dubbio sul valore estetico della sua opera, ciò che non è in discussione tuttavia è che si tratti di una figura non trascurabile, la cui ombra lunga si estende fino al presente. Caratterizzati da un scrittura aforistica, tanto evanescente quanto suggestiva, i suoi scritti restano tuttora come una "pasta malleabile", facilmente adattabile all'uso delle più diverse fedi e convinzioni.

Già negli anni sessanta del Novecento la sua opera era diventata una fonte indiscussa per la retorica pacifista della controcultura americana e dei movimenti di ispirazione New Age in tutto il mondo, tanto che politici e musicisti vi ricorsero diffusamente: tra i primi vi fu John Lennon, il quale inserì in *Julia* – canzone inclusa nell'album del 1968 intitolato *The Beatles* (il cosiddetto *White Album*) – un *aforisma* tratto da *Sabbia e schiuma* di Gibran, pubblicato dall'editore newyorkese Alfred Knopf nel 1926, che esemplifica esattamente lo stile del poeta libanese e che recita come segue: «Metà di ciò che dico è senza senso; ma lo dico perché l'altra metà possa giungerti».

Persino John Fitzgerald Kennedy pare abbia tratto ispirazione da un suo scritto politico indirizzato al popolo libanese, pubblicato in arabo ma tradotto in inglese, per il celeberrimo discorso inaugurale del 1961, nel quale invitava gli americani a domandarsi non ciò che il loro Paese potesse fare per loro, ma ciò che loro potessero fare per il proprio Paese: «Ask not what your country can do for you, but ask what you can do for your country».

2
ANTIDOGMATICITÀ

È senza dubbio *Il Profeta*, pubblicato nel 1923 sempre dallo stesso editore, il libro che ha definitivamente consegnato Gibran al mito, assicurandogli il favore di milioni di lettori in tutto il mondo.

Il Profeta è di fatto ciò che può, senza esitazione, definirsi un classico, e lo è in ragione innanzitutto del consenso inesausto e quasi unanime che i lettori continuano a tributargli, mentre la critica, sempre sospettosa, non gli ha mai risparmiato i propri strali e la propria indifferenza, negli Stati Uniti e in Europa, là dove un suo ingresso nel canone risulta tuttora in discussione; mentre resta – al contrario – una gloria nazionale in Libano, oltre che un autore imprescindibile nella letteratura araba moderna e contemporanea, per aver contribuito alla modernizzazione della lingua e alla nascita di una scuola romantica della poesia araba. Un classico che non cessa di essere anche un longseller, dunque, in Oriente e in Occidente, se è vero che il libro non è mai andato fuori stampa e che è stato tradotto in più di quaranta lingue, con una continua riscoperta da parte di schiere di lettori che ne subiscono la seduzione affabulatoria, insieme alla suggestione di uno spiritualismo polifunzionale nella sua *antidogmaticità* costitutiva.

Prova ne sia l'uscita nelle sale cinematografiche, nel 2014, di un film di animazione diretto da Roger Allers (il regista del *Re Leone*), ispirato proprio al *Profeta* e prodotto dalla celebre attrice messicana di origini libanesi Salma Hayek, con la partecipazione di Liam Neeson come voce narrante: un progetto ambizioso dall'esito tuttavia deludente.

3
ARMONIA

Gibran fu poeta, narratore e pittore, più che filosofo, tant'è vero che quando si considera l'intero *corpus* dei suoi racconti, saggi, poemi, acquerelli, dipinti a olio e incisioni non è tanto il suo sistema di pensiero – talvolta definito non meno che inconsistente – a contare, quanto invece la sua disposizione nei confronti del mondo, la semplicità del suo messaggio e della lingua che ha veicolato quel messaggio; insieme alla traccia indelebile di quella continua ricerca di un'*armonia*, che il poeta recava nel suo cognome come un oroscopo: se è vero che *gibran*, in arabo, è riconducibile alla radice *jabara*, da cui deriva anche il termine «algebra», e significa dunque «unire ciò che è stato separato», riportare per l'appunto l'armonia.

Una disposizione che non poté non derivargli anche dal suo *status* di emigrato, di esiliato. Gibran Khalil Gibran era nato nel 1883 a Bsharri, un piccolo paese nel Nord del Libano, regione al tempo appartenente all'Impero ottomano e nota, insieme alla Siria e a parte della Palestina, come Grande Siria. Una regione dove l'oppressione dell'Impero, che perdurava dal 1516 e che si sarebbe conclusa solo nel 1918, aveva determinato, oltre alla mancanza delle libertà fondamentali, una depressione economica che aveva ridotto i sudditi alla fame.

Fu per questo, oltre che per una situazione domestica poco edificante, che sua madre Kamilah nel 1894 aveva deciso di emigrare negli Stati Uniti con i quattro figli. Qui, tra Boston e New York, Gibran trascorse gran parte della sua seppur breve vita, fino alla morte nel 1931, a soli quarantotto anni: nella versione più prosastica, a causa di una cirrosi epatica, mentre secondo un'interpretazione romantica, ma meno attendibile, sarebbe invece morto per un'incipiente tubercolosi.

4
UNITÀ

Gibran emigrò nel corso della prima ondata migratoria dal Libano e dalle regioni circostanti verso le Americhe, vale a dire quella che avvenne tra il 1880 e il 1924 e che portò nel nuovo continente non meno di 330 mila libanesi. Si trattava, nella maggior parte dei casi, di greci ortodossi, di maroniti, di cristiani melchiti del Monte Libano, i quali avevano trascorso la loro vita in un isolamento non sempre dettato da fattori strettamente connessi alla configurazione geografica dell'area.

Dopo essersi stabilita nei sobborghi della città di Boston insieme a altre famiglie libanesi, la famiglia Gibran cominciò un processo di integrazione nel tessuto statunitense che non mostrò particolari ostacoli. Non avendo quasi per nulla ricevuto un'istruzione, Gibran cominciò a studiare l'inglese negli anni tra il 1895 e il 1897, per essere poi rimandato a Beirut a causa di qualche turbolenza sentimentale da subito captata da sua madre: le sue frequentazioni, legate al mondo dell'arte ma favorite dalla sua identità di orientale – percepita come tale più dagli americani che dal ragazzo stesso, in verità –, destavano nella donna non poche preoccupazioni.

Qui, alla Madrasat al-Hikmat, studiò per la prima volta la lingua araba e la sua letteratura classica e moderna: corsi che corredò con qualche percorso formativo dedicato alla scrittura creativa. Così, ben presto cominciò a pubblicare i primi componimenti poetici in arabo nella rivista «al-Manara, al-Haqiqa, al-Nahda», fondata nel 1900 con Yusuf Haddad. La Terra dei Cedri era, a questa altezza cronologica, un modello in tutta l'area di convivenza pacifica: qua cristiani e musulmani, entrambi rappresentati da quasi tutte le osservanze ereditate dalla genesi del cristianesimo in Oriente e dall'islam in Occidente, vivevano in un equilibrio per nulla precario.

Se da una parte il Libano costituì, dunque, il terreno sul quale Gibran poté constatare la possibilità di una coabitazione secondo i principi della fratellanza tra comunità di diversa fede e provenienza, dall'altra cominciava a sperimentare sulla propria pelle come quelle piccole divergenze potessero facilmente essere strumentalizzate a fini politici. Da questa constatazione originò forse la riflessione di Gibran sulla necessità di superare le differenze e di ritrovare una *unità*, concetto che avrebbe informato in seguito anche *Il Profeta*. Il Libano dunque, oltre che luogo dell'anima al quale ritornare sempre, altro non era che un modello, la cui vocazione all'armonia interreligiosa avrebbe influenzato tutta la sua produzione letteraria e artistica.

5
ORIENTALE

Tornato a Boston, in conseguenza di una serie di lutti avvenuti a partire dal 1902, Gibran intensificò i propri rapporti con la comunità degli immigrati di origine araba e, al contempo, con la vivacissima comunità artistica del Paese, per accorgersi ben presto delle potenzialità e delle opportunità che gli Stati Uniti gli avrebbero potuto offrire.

Il suo talento artistico fu subito notato da Fred Holand Day, un fotografo dandy, collezionista d'arte ed editor di scrittori d'avanguardia: questi lo incoraggiò a dipingere e ne espose i lavori presso la propria galleria, propiziando il suo incontro con Mary Elizabeth Haskell, che patrocinò la sua formazione inviandolo a studiare a Parigi nel 1908. Quello con Mary Haskell fu per il poeta libanese un incontro fortunato, se è vero che la donna lo finanziò per tutta la vita.

Parigi fu per Gibran un'occasione eccezionale di crescita: qui, oltre alla tecnica, acquisì maggiore consapevolezza del proprio talento, inserendosi facilmente nei circoli dei Simbolisti, presso i quali ebbe modo di frequentare tra gli altri lo scultore August Rodin. E qui comprese quale fortuna fosse, in quest'epoca, essere un *orientale* in Europa e in America: se già Day lo aveva sollecitato a dipingere soggetti orientali, di cui aveva poi promosso l'esposizione, fu a Parigi che Gibran ebbe la reale contezza del capitale aggiuntivo a sua disposizione in vista di un ingresso nella scena artistica internazionale.

6
SPERIMENTAZIONE

Al suo ritorno negli Stati Uniti, Gibran non esitò a trasferirsi nel 1911 a New York, città culturalmente più esuberante dove visse fino alla sua morte.

New York era la sede del Mahjar nordamericano (*mahjar* è la parola araba che indica il "luogo di emigrazione"), vale a dire di quel movimento letterario che riuniva al proprio interno tutte le opere prodotte nel Nord e nel Sud dell'America agli inizi del Novecento. Gibran era a questo punto un'autorità attorno alla quale ruotava, letteralmente, il Mahjar nordamericano.

Nel 1920, insieme a un gruppo di dodici scrittori appartenenti alla diaspora levantina, fondò la Lega della penna, conosciuta anche come al-Rabitah al-Qalamiyah, il cui scopo era riformare dal profondo la letteratura araba, mentre ne denunciava la stagnazione, l'irrigidimento e l'imitazione dei modelli letterari del passato. Mikhail Naymi, il maggiore teorico del gruppo, amico fraterno e in seguito biografo di Gibran, nel libro del 1923 intitolato *al-Ghirbal* (una sorta di manifesto programmatico), vi aveva definito tra gli altri aspetti il ruolo dello scrittore: questi doveva essere al contempo un profeta e un filosofo, il detentore di una dote speciale, vale a dire quella di riconoscere la verità. La letteratura doveva concentrarsi sui contenuti e non sulla forma.

Naymi, in completo accordo con gli orientalisti sempre pronti a denigrare la letteratura araba, ridicolizzava tutti quegli scrittori i quali ritenevano sacra l'eredità araba stessa e si dichiarava invece a favore di un spregiudicata *sperimentazione*: centrale restava l'esperienza soggettiva del poeta e una fiducia nel potere trascendente della natura, per un approccio che traeva diretta ispirazione dal Romanticismo europeo e dal Trascendentalismo americano, approccio che fu immediatamente recepito dagli scrittori affiliati e dallo stesso Gibran.

7
SAGGEZZA

È in questo contesto, e dunque sotto la diretta influenza del Mahjar, che Gibran nel 1918 cominciò a scrivere in lingua inglese *Il Profeta,* libro che dopo un lungo lavoro di revisione fu pubblicato nel 1923. Gibran, forte degli innumerevoli riferimenti culturali accumulati, concepì un progetto ambizioso: quello di porsi come mediatore tra la tradizione orientale e quella occidentale, trovando nella tradizione parabolistica le risorse per un discorso profetico che potesse incidere nella coscienza collettiva dei contemporanei.

Gibran affidò la propria voce al profeta Almustafa. Questi, dopo dodici anni trascorsi da straniero nella città di Orfalese, in attesa della nave che lo avrebbe ricondotto all'«isola nativa», decide di intrattenersi con gli abitanti della città, i quali lo pregano di restare. Almustafa però non può fare a meno di imbarcarsi, poiché solo così potrà ricongiungersi con l'agognato Assoluto, per non diventare «ghiaccio e cristallo» e relegarlo «in una forma» (*Il Profeta*, Prologo). Prima di lasciare i suoi compagni di esilio, il Profeta pronuncia davanti a loro ventisei sermoni sui più diversi aspetti della vita terrena, tra i quali: l'amore, i figli, la gioia e il dolore, il bene e il male, la preghiera, la religione e la libertà, l'amicizia e la morte.

Con una prosa poetica il cui ritmo è dettato dalla dolcezza dell'affabilità, caratteristica che tuttavia non ne diminuisce il tono didattico e sapienziale, *Il Profeta* è una sintesi di riferimenti culturali tra i più disparati: dalla mistica medievale cristiana alla tradizione sufi, dal Romanticismo al Trascendentalismo, per citarne solo alcuni.

In questo coacervo di testi latenti, restituiti attraverso il filtro del Mahjar, al lettore non sfuggirà la palese affinità con *Così parlò Zarathustra,* libro che Gibran lesse durante gli anni parigini e che gli suscitò una fascinazione quasi morbosa. Non si trattò però che di un'infatuazione, le cui tracce, che nel testo tuttavia permangono, sono di carattere esclusivamente strutturale: Nietzsche parla per il tramite di Zarathustra, così come Gibran parla attraverso Almustafa, ed entrambi i protagonisti sono due stranieri che elargiscono generosamente la propria *saggezza* agli uomini prima di fare ritorno alle loro isole. Ciò che li differenzia – e nettamente – è però l'istinto che li muove all'omelia: Gibran, dopo l'iniziale folgorazione, non poté infatti non riconoscere l'incompatibilità tra le proprie idee e il nichilismo di Nietzsche.

8
ROMANTICISMO

Gli anni che Gibran trascorse a Parigi furono cruciali per la sua formazione, come dichiarò in una lettera a Mary Haskell, definendoli come «a time of self discovery». Fu qui che cominciò a studiare i poeti romantici, Wordsworth, Shelley, Keats e Blake innanzitutto.

Non poco dovette contare anche il *Romanticismo* americano – quello di Whitman, per intenderci – viste le istanze trascendentalistiche del *Profeta*. Furono infatti gli scritti di Ralph Waldo Emerson a introdurre il poeta al Neoplatonismo e al Buddhismo: un passaggio inevitabile nella cittadina di Boston, dove Emerson era nato e dove la sua figura riluceva ancora all'epoca di Gibran. I poeti romantici consentirono a Gibran di elaborare un progetto di vera e propria riforma della poesia araba, che riuscì a portare a termine e che culminò nella nascita della Scuola di poesia romantica araba, della quale è considerato il fondatore.

Fu in particolare Blake a suscitare la sua ammirazione, tanto che finì per condividerne alcune istanze e approcci. Si pensi ai continui riferimenti al Platonismo e al Neoplatonismo che ne informano le opere, o al continuo rimando alla Bibbia, sia per quanto concerne lo stile, se è vero che entrambi ricorrono alla parabola o alla scrittura aforistica, sia per quanto riguarda la vita di Gesù, che costituisce per i due autori una costante.

9
BIBBIA

Gibran aveva sicuramente avuto modo di leggere le nuove traduzioni in arabo della *Bibbia* che erano state operate alla fine dell'Ottocento in Medio Oriente, a conclusione di una lunga controversia a riguardo. Alla fine dell'Ottocento in Libano, sotto l'impulso dei missionari americani e poi dei gesuiti, fu avviata un'opera di traduzione della letteratura religiosa che contribuì di fatto anche alla modernizzazione della lingua araba, influenzando tutta una generazione di scrittori della diaspora levantina, tra i quali ritroviamo anche Gibran. Fu con la traduzione della Bibbia di Ahmad Faris

Shidyaq e Samuel Lee (1857) – con quella del 1868 promossa dalla missione americana sotto la supervisione dello sceicco Youssef al-Assir e con la traduzione di Ibrahim al-Yaziji (1880) promossa dai gesuiti – che si arrivò alla definizione di un livello di lingua conforme allo spirito del tempo.

Sebbene il rapporto di Gibran con la potentissima Chiesa cristiano-maronita libanese avesse subìto qualche contraccolpo a causa dell'anticlericalismo – e dei suoi anatemi contro il Libano moderno e mercantile – ciò non impedì che lo scrittore venisse riconosciuto in patria come una gloria nazionale. Alla sua morte, la salma fu trasportata in Libano, ma prima della sepoltura nel villaggio di Bsharri le spoglie furono esposte nella cattedrale maronita di Beirut, mentre il Grand Théatre lo commemorava in una cerimonia come un maestro della lingua araba e, in via accessoria, di quella inglese. I funerali di stato a Beirut durarono due giorni.

10
SPIRITO

In verità, però, Gibran riteneva affascinante qualsiasi convinzione religiosa o filosofia che soddisfacesse i crismi di quel pur semplice sistema che col tempo aveva costruito. Ne è prova il fatto che nel 1912 decise di seguire Abdul Baha'i, figlio del fondatore della fede Baha'i, il quale si trovava in America per una serie di discorsi. Ciò che al poeta libanese interessava di questa religione, tutto sommato esotica nella stessa misura in cui per lui lo era l'islam nella sua declinazione mistica, altro non era che i concetto di "unità" dell'umanità e delle religioni, un concetto che per i suoi seguaci era tutt'altro che un'espressione ingenua e idealista.

Se *Il Profeta* di Gibran Khalil Gibran è rimasto per oltre un secolo sugli scaffali delle nostre librerie – sembra a questo punto chiaro – non è di certo per l'originalità del messaggio o della forma di questo libro. A decretarne il successo inesauribile di vendite sono stati più fattori in concorso. Innanzitutto un editore accorto che presentò Gibran al pubblico come se fosse la controparte mediorientale di Rabindranath Tagore, in un momento in cui il pubblico di lettori era per altro facilmente disposto a recepirlo come tale, vista la recente (1913) assegnazione del Nobel al poeta, filosofo e narratore indiano. A concorrere in maniera preponderante fu poi l'affiliazione del suo autore ai maggiori circoli letterari e artistici dell'epoca (gli idealisti e i simbolisti *in primis*), e la sua duplice provenienza geografica, culturale e linguistica, tale da soddisfare l'orizzonte d'attesa di milioni di lettori.

Non è il sincretismo tra culture, insomma, né solo la pulsione pacifista e anarcoliberale con la quale Gibran ha provato, riuscendoci senza ricorrere a cinico opportunismo, a modellare la propria presenza nel panorama letterario internazionale a fare del *Profeta* un libro ancora attuale. Non è solo la prospettiva utopistica secondo la quale si potrà aprire un tempo nuovo, un regno pacifico e solidale, capace di accogliere l'umanità intera. Il motivo principale per il quale ancora oggi il lettore resta colpito da questa narrazione è, come sosteneva Carlo Bo, che Gibran «ha puntato sullo *Spirito* [e] la sua poesia si inchina, di fronte alla profezia, a un altro discorso».

IL PROFETA

[Prologo]

Almustafa, l'eletto e l'amato, aurora del suo stesso giorno, aveva atteso dodici anni nella città di Orfalese la nave che doveva tornare e riportarlo all'isola nativa.
E il dodicesimo anno, nel settimo giorno di Ielùl, mese della mietitura, salì sul colle oltre le mura della città e guardò verso il mare; e scorse la sua nave avanzare nella nebbia.
Allora gli si spalancarono le porte del cuore, e la sua gioia volò alta sopra il mare. E lui chiuse gli occhi pregando nei silenzi dell'anima.

Ma mentre scendeva dal colle, lo colse in cuor suo una grande tristezza e pensò:
Come potrò andarmene in pace e senza dolore? No, non senza una ferita nello spirito lascerò questa città.
Lunghi sono stati i giorni di dolore che ho trascorso tra le sue mura, lunghe le notti di solitudine; e chi mai può allontanarsi dal proprio dolore e dalla propria solitudine senza un rimpianto?
Troppi frammenti dello spirito ho sparso in queste strade, troppi sono i figli del mio desiderio che vagano nudi tra queste alture, e non so ritrarmi da loro senza dolore e pena.
Non un abito mi tolgo in questo giorno, ma una pelle che mi strappo con le mie stesse mani.

Non un pensiero lascio alle mie spalle, ma un cuore reso dolce dalla fame e dalla sete.

Tuttavia non posso indugiare oltre.
Il mare che chiama a sé ogni cosa ora mi chiama, e devo imbarcarmi.
Giacché restare, anche se nella notte ardono le ore, è farmi ghiaccio e cristallo, è relegarmi in una forma.
Davvero porterei con me tutto quanto è qui. Ma come fare?
Una voce non può recare con sé lingua e labbra che le hanno dato le ali. Solo devo cercare il cielo.
E sola e senza nido deve l'aquila attraversare il sole.

Giunto ai piedi del colle guardò nuovamente il mare, e vide la sua nave avvicinarsi al porto e sulla prua i marinai, gli uomini della sua terra.

E la sua anima gridò rivolta a loro, e lui disse:
Figli della mia madre antica, voi che cavalcate le maree,
Quante volte avete veleggiato nei miei sogni! E ora giungete nella mia veglia, che è il mio sogno più profondo.
Sono pronto a partire, e la mia impazienza a vele spiegate attende il vento.
Ancora un respiro in quest'aria ferma, ancora uno sguardo d'amore a ciò che lascio,
E poi sarò tra voi, navigante tra i naviganti.
E tu, vasto mare, madre insonne,
Che solo sei pace e libertà per il fiume e il ruscello,
Appena un'altra curva avrà questo ruscello, appena un altro mormorio in questa rada,
E poi verrò a te, goccia infinita all'oceano infinito.

E camminando vide in lontananza uomini e donne lasciare i campi e i vigneti e affrettarsi verso le porte della città.
E udì le loro voci chiamare il suo nome, e gridare di campo in campo annunciandosi l'un l'altra l'arrivo della sua nave.
E disse a se stesso:
Sarà dunque il giorno della separazione giorno di raduno?
E questa mia vigilia sarà in verità chiamata la mia aurora?
E cosa potrò offrire a chi ha abbandonato l'aratro a metà solco, o ha fermato la ruota del suo torchio?
Diverrà il mio cuore un albero carico di frutti ch'io possa raccogliere e offrire loro?
E i miei desideri sgorgheranno come una fonte a cui riempire le loro coppe?
Sono dunque un'arpa che la mano del potente può sfiorare, o un flauto che il suo soffio può attraversare?
Io sono un cercatore di silenzi, e quale tesoro ho trovato nei silenzi che io possa dispensare con fiducia?
Se questo è il mio giorno di raccolto, in quali campi ho sparso il seme, e in quali stagioni dimenticate?
Se questa invero è l'ora in cui levo alta la mia lanterna, non mia è la fiamma che vi arderà.
Vuota e buia alzerò la mia lanterna,
E il guardiano della notte la riempirà d'olio e poi l'accenderà.

Queste cose disse con parole. Ma molto gli rimase nel cuore di non detto. Poiché lui stesso non sapeva dare voce al suo segreto più riposto.

E quando entrò nella città tutto il popolo gli venne incontro, e lo accolse con un'unica grande voce.
Allora gli anziani della città si fecero avanti e dissero:
Non ci lasciare ancora.

Un meriggio sei stato nel nostro crepuscolo, e la tua giovinezza ci ha dato sogni da sognare.
Non sei uno straniero tra noi, né un ospite, ma il nostro figlio benamato.
Non togliere ancora ai nostri occhi la consolazione del tuo volto.

E i sacerdoti e le sacerdotesse gli dissero:
Non lasciare che le onde del mare ci separino ora, e che gli anni che hai trascorso insieme a noi diventino ricordo.
Hai camminato tra di noi come spirito, e la tua ombra è stata luce sui nostri volti.
Molto ti abbiamo amato. Ma senza parole è stato il nostro amore, ammantato di veli.
Ma ecco che ora ti si annuncia a gran voce, e vuole rivelarsi.
L'amore ignora sempre la sua profondità finché non giunge l'ora del distacco.

E altri ancora vennero per trattenerlo. Ma lui non rispose.
Chinò solamente il capo; e chi gli stava accanto vide le lacrime cadergli sul petto.
Così lui e il popolo avanzarono verso la grande piazza del tempio.

Uscì dal santuario una donna il cui nome era Almitra. Era una veggente.
Lui la guardò con tenerezza infinita giacché per prima lo aveva cercato, credendo in lui sin dal giorno del suo arrivo nella città.
E lei lo salutò dicendo:
Profeta di Dio, tu che cerchi l'assoluto, da molto tempo scruti le lontananze per vedere la tua nave.

E ora la tua nave è giunta, e devi andare.
Profonda è la nostalgia che hai per la terra dei tuoi ricordi, per la dimora dei tuoi più grandi desideri; e il nostro amore non ti legherebbe né ti tratterrebbero le nostre necessità.
Ma prima che tu ci lasci ti chiediamo questo, che parlandoci tu ci trasmetta qualcosa della tua verità.
E noi la trasmetteremo ai nostri figli ed essi ai loro, cosicché non perirà.
Nella solitudine hai osservato i nostri giorni, e nelle tue veglie hai ascoltato il pianto e il riso del nostro sonno.
Ora dunque svelaci a noi stessi, spiegaci quanto hai veduto di ciò che sta tra nascita e morte.

E lui rispose:
Gente di Orfalese, di cosa posso parlare se non di quello che già ora si muove nelle vostre anime?

[1]

Disse allora Almitra: Parlaci dell'Amore.
E lui sollevò il capo e guardò verso il popolo, e scese una grande quiete. E con voce intensa disse:
Quando l'amore vi chiama, seguitelo,
Sebbene le sue vie siano difficili ed erte,
E quando vi avvolge con le sue ali, cedetegli,
Anche se la lama nascosta tra le piume potrà ferirvi.
Quando vi parla, credetegli,
Sebbene la sua voce possa frantumare i vostri sogni così come il vento del nord arreca scompiglio al giardino.

Poiché mentre l'amore vi incorona, vi crocefigge. Mentre vi fa crescere, vi recide.
Mentre ascende alle vostre altezze e carezza i vostri più teneri rami palpitanti al sole,
Penetra fino alle vostre radici scuotendole nel loro abbraccio alla terra.
Come pannocchie di granturco vi raccoglie in sé.
Vi batte fino a farvi spogli.
Vi setaccia per liberarvi dagli scarti.
Vi macina fino al candore.
V'impasta sinché siete duttili;
E poi vi consegna al suo sacro fuoco, così che possiate diventare pane sacro per la sacra mensa di Dio.

Tutto questo provocherà l'amore in voi affinché possiate conoscere i segreti del vostro cuore, e per questa conoscenza divenire un frammento del cuore della Vita.

Ma se, timorosi, nell'amore cercate soltanto la tranquillità e il suo piacere,
Allora meglio per voi che ricopriate le vostre nudità allontanandovi dall'aia dell'amore,
Nel mondo senza stagioni dove riderete, ma non tutte le vostre risa, e piangerete, ma non tutte le vostre lacrime.

L'amore non dà nulla se non se stesso e non prende nulla se non da se stesso.
L'amore non possiede né vuole essere posseduto;
Poiché l'amore basta all'amore.

Quando amate non dovreste dire: «Dio è nel mio cuore», bensì «Io sono nel cuore di Dio».
E non pensate di poter dirigere il corso dell'amore giacché, se vi trova degni, è l'amore che dirige il vostro corso.

L'amore non desidera che appagare se stesso.
Ma se amando dovete avere dei desideri, che siano questi:
Sciogliersi ed essere come un ruscello che scorrendo canta alla notte la sua melodia.
Conoscere il dolore della troppa tenerezza.
Ferirsi di comprensione dell'amore;
E sanguinare volentieri e con gioia.
Risvegliarvi all'alba con un cuore alato e ringraziare per un nuovo giorno d'amore;
Riposare nell'ora del meriggio e meditare l'estasi dell'amore;
Rincasare di sera colmi di gratitudine;

E poi assopirsi con una preghiera per l'amato in cuore e un cantico di lode sulle labbra.

[2]

Allora Almitra parlò ancora e disse: E il Matrimonio, maestro?
E lui rispose dicendo:
Siete nati insieme, e insieme sarete in eterno.
Voi sarete insieme quando le ali bianche della morte disperderanno i vostri giorni.
Sì, voi sarete insieme persino nella silenziosa memoria di Dio.
Vi siano però spazi nella vostra unione,
Così che i venti celesti possano danzare tra di voi.

Amatevi l'un l'altro, ma non fate dell'amore un vincolo:
Sia piuttosto un mare che si muove tra le rive delle vostre anime.
Riempitevi a vicenda le coppe ma non bevete da una coppa sola.
Donatevi l'un l'altro il vostro pane ma non mangiate dallo stesso pezzo.
Cantate e danzate insieme e siate lieti, ma che ognuno di voi sia solo,
Come le corde del liuto sono sole sebbene vibrino della stessa musica.

Donatevi il cuore, senza però affidarvelo l'un l'altro.
Poiché solo la mano della Vita può contenere i vostri cuori.

E restate l'uno vicino all'altro ma non troppo vicini:
Poiché le colonne del tempio s'ergono separate tra loro,
E la quercia e il cipresso non crescono l'una nell'ombra dell'altro.

[3]

E una donna che reggeva un bimbo al seno disse: Parlaci dei Figli.
E lui disse:
I vostri figli non sono figli vostri.
Sono i figli e le figlie della brama che la Vita ha di se stessa.
Essi vengono attraverso voi ma non da voi,
E sebbene siano con voi non vi appartengono.

Potete donare loro il vostro amore ma non i vostri pensieri.
Poiché hanno pensieri loro propri.
Potete dare rifugio ai loro corpi ma non alle loro anime,
Giacché le loro anime albergano nella casa di domani, che voi non potete visitare neppure in sogno.
Potete tentare d'essere come loro, ma non di renderli come voi siete.
Giacché la vita non indietreggia né s'attarda sul passato.
Voi siete gli archi dai quali i vostri figli, frecce viventi, sono scoccati lontano.
L'Arciere vede il bersaglio sul sentiero dell'infinito, e vi tende con la sua potenza affinché le sue frecce possano andare veloci e lontane.
Sia gioioso il vostro tendervi nella mano dell'Arciere;
Poiché se ama la freccia che vola, così ama l'arco che rimane saldo.

[4]

Poi un uomo ricco disse: Parlaci del Dare.
E lui rispose:
Voi date poca cosa dando ciò che possedete.
È quando date voi stessi che date veramente.
Poiché cosa possedete se non ciò che custodite e proteggete temendo che vi manchi domani?
E domani, che porterà il domani al cane troppo prudente che bada a seppellire l'osso nella sabbia immacolata, mentre segue i pellegrini diretti alla città santa?
E cos'è la paura del bisogno se non il bisogno stesso?
E il terrore d'aver sete quando il pozzo è pieno, non è forse sete insaziabile?
C'è chi dona poco del molto che possiede e lo fa per averne riconoscimento, ma questo desiderio segreto rende il dono bacato.
C'è chi ha poco e lo dona tutto.
Sono quelli che credono nella vita e nelle ricchezze della vita, e la loro borsa non è mai vuota.
C'è chi dona con gioia, e in quella gioia sta la sua ricompensa.
E c'è chi dona con sofferenza, e in quella sofferenza sta la sua purificazione.
E c'è chi dona senza conoscere sofferenza, né ricercare gioia o merito alcuno;
Dona così come nella valle laggiù il mirto alita la sua fragranza nell'aria.

È con le mani di queste persone che Dio parla, ed è da dietro i loro occhi ch'Egli sorride alla terra.
Buona cosa è dare quand'è richiesto, molto meglio quando nessuno chiede, donando spontaneamente;
Così, per il generoso ricercare colui che riceve è gioia più intensa ancora del dare.
C'è forse qualcosa che vorreste trattenere?
Tutto quanto possedete un giorno sarà dato;
E quindi date ora, così che la stagione dei doni sia vostra e non dei vostri eredi.
Sovente voi dite: «Vorrei dare, ma solo al meritevole».
Le piante del vostro frutteto non dicono così, e nemmeno le greggi nel vostro pascolo.
Esse danno al fine di poter vivere, giacché trattenere vuol dir morire.
Chi merita di ricevere i suoi giorni e le sue notti è certo degno di ricevere da voi ogni altra cosa.
E chi ha meritato di bere dal mare della vita merita di riempire la sua coppa al vostro piccolo ruscello.
Quale maggior merito potrà mai esserci di quello che sta nel coraggio e nella fiducia, anzi nella carità di chi riceve?
E chi mai siete voi che gli uomini debbano lacerarsi il cuore e svelare il loro orgoglio per mettere a nudo davanti a voi il loro valore e la loro fierezza?
Assicuratevi anzi tutto d'essere voi degni di dare, divenendo strumenti del dare.
Poiché in verità è la vita che dà alla vita mentre voi, che vi reputate donatori, non siete che astanti.

Quanto a voi che ricevete – e voi tutti ricevete – non caricatevi del peso della gratitudine, che può diventare giogo su voi e su chi vi ha dato.

Piuttosto levatevi come in volo con chi ha dato e con i suoi doni;
Giacché dedicare troppo pensiero al vostro debito è dubitare della generosità, che ha la terra feconda come madre, e Dio come padre.

[5]

Allora un vecchio oste domandò: Parlaci del Mangiare e del Bere.
E lui disse:
Se solo poteste vivere della fragranza della terra, e come una pianta sostentarvi con la luce.
Ma siccome dovete uccidere per mangiare, e rubare al nuovo nato il latte materno per placare la vostra sete, che sia allora un atto d'adorazione.
Sia la vostra mensa un altare su cui i puri e gli innocenti del bosco e della valle sono sacrificati a ciò che è ancor più puro e innocente nell'uomo.

Quando uccidete un animale ditegli nel vostro cuore:
«Dallo stesso potere che abbatte te anch'io sarò abbattuto; e anch'io sarò consumato.
Poiché la legge che ti ha consegnato in mano mia consegnerà me in una mano più forte.
Il sangue tuo e il sangue mio sono linfa che nutre l'albero del cielo».

E quando addentate una mela, ditele nel vostro cuore:
«I tuoi semi vivranno nel mio corpo,
E i germogli del tuo domani fioriranno nel mio cuore,
E il tuo profumo sarà il mio respiro,
E insieme godremo tutte le stagioni».

E d'autunno, quando raccogliete i grappoli dalle vigne per il torchio, dite nel vostro cuore:
«Anch'io sono vigna, e il mio frutto verrà raccolto per il torchio,
E come vino novello sarò conservato in orci eterni».
E d'inverno, quando spillate il vino, lasciate che nel vostro cuore ci sia un canto per ogni coppa;
E lasciate ch'esso conservi un ricordo dei giorni dell'autunno, e della vigna, e del torchio.

[6]

Poi un contadino disse: Parlaci del Lavoro.
E lui rispose dicendo:
Voi lavorate per stare al passo con la terra e con l'anima della terra.
Giacché essere pigri è estraniarsi dalle stagioni, uscire dalla processione della vita che avanza verso l'infinito maestosa e in fiera sottomissione.

Quando lavorate siete un flauto nel cui cuore il mormorio delle ore diviene musica.
Chi tra voi vorrebbe essere una canna muta e silenziosa, quando tutto il resto canta all'unisono?

Sempre vi è stato detto che il lavoro è una maledizione e la fatica una sventura.
Ma io vi dico che lavorando esaudite una parte del sogno più remoto della terra, a voi affidato allorché quel sogno nacque,
E sostenendovi con il lavoro voi in verità state amando la vita,
Così, l'amarla attraverso il lavoro è entrare in comunione col suo segreto più riposto.

Ma se nella vostra pena definite la nascita un'afflizione e il sostentamento della carne una maledizione scritta in fronte, allora vi rispondo che nulla tranne il sudore della fronte potrà cancellare quel che vi sta scritto.

Vi è stato anche detto che la vita è tenebra, e nella stanchezza riecheggiate ciò che han detto gli stanchi.
Ma io vi dico che la vita è invero tenebra se manca il desiderio,
E ogni desiderio è cieco se manca la conoscenza,
E ogni conoscenza è vana se manca il lavoro,
E ogni lavoro è vuoto se manca l'amore;
E quando lavorate con amore, vincolate voi stessi a voi stessi, e l'uno all'altro, e a Dio.
Cos'è, lavorare con amore?
È tessere un panno con fili del vostro cuore, come se quel panno fosse destinato a chi voi amate.
È costruire una casa con affetto, come se dovesse abitarvi chi voi amate.
È spargere i semi con tenerezza e poi raccogliere con gioia, come se a mangiare quei frutti dovesse essere chi voi amate.
È impregnare tutto ciò che voi fate con un alito del vostro spirito,
Sapendo che tutti i morti benedetti vi stanno intorno e vi osservano.

Sovente vi ho sentiti dire, come parlando nel sonno: «Colui che lavora il marmo e scavandolo trova l'immagine della propria anima, è più nobile di chi ara la terra.
E colui che afferra l'arcobaleno e lo stende su una tela nell'effigie dell'uomo, vale più di chi foggia i nostri calzari».
Ma io vi dico, non nel sonno ma nel desto e vigile fulgore del meriggio, il vento parla con eguale dolcezza alla quercia gigante e all'ultimo dei fili d'erba;

Grande è soltanto colui che trasforma la voce del vento in un canto reso più dolce dal proprio amore.

Il lavoro è amore rivelato.
E se non sapete lavorare con amore ma solo con disgusto, meglio allora che l'abbandoniate andandovi a sedere ai cancelli del tempio per ricevere l'elemosina da chi lavora con gioia.
Poiché se cuocete il pane con incuria, preparate un pane amaro che poco sfama l'uomo.
E se pigiate l'uva di malavoglia, il vostro malanimo instilla veleno nel vino.
E se pure cantate come angeli, ma senza amare il canto, rendete l'uomo sordo alle voci del giorno e a quelle della notte.

[7]

Allora una donna disse: Parlaci della Gioia e del Dolore.
E lui rispose:
La vostra gioia non è che il vostro dolore senza maschera.
E il medesimo pozzo da cui sgorga il vostro riso più volte si è riempito delle vostre lacrime.
Come può essere se non così?
Più profondamente scava il dolore nel vostro essere, e più è la gioia che potete contenere.
Non è la coppa che contiene il vostro vino quella stessa che il vasaio ha arso nel suo forno?
E non è il liuto che vi distende lo spirito quello stesso legno che le lame hanno incavato?
Quando siete felici guardate a fondo nel vostro cuore e troverete che la gioia proviene da ciò che vi ha dato dolore.
Quando siete nel dolore guardatevi ancora nel cuore, e vedrete che in verità piangete per ciò che è stato il vostro diletto.

Alcuni tra voi dicono: «La gioia è più grande del dolore», e altri dicono: «No, più grande è il dolore».
Ma io dico a voi che sono inseparabili.
Insieme arrivano, e quando l'una siede con voi alla vostra mensa, ricordate che l'altro dorme nel vostro letto.

In verità siete sospesi come bilance tra la gioia e il dolore.
Solo se siete vuoti restate immobili e in equilibrio.
Allorché il tesoriere vi solleva per pesare il suo oro e il suo argento, non possono la vostra gioia e il vostro dolore non alzarsi o ricadere.

[8]

Venne allora avanti un muratore, che domandò: Parlaci delle Case.
E lui rispose, dicendo:
Costruitevi con la fantasia un capanno nel deserto prima di costruirvi una casa entro le mura della città.
Infatti, nei crepuscoli voi fate ritorno alla casa, e anche l'errante in voi, sempre remoto e solitario, ambisce questi ritorni.
La vostra casa è il vostro corpo più vasto.
Cresce nel sole e dorme nella quiete silenziosa della notte; e non è priva di sogni. Non sogna forse la vostra casa? E sognando non abbandona la città per il bosco o la collina?

Come vorrei raccogliere le vostre case nella mia mano, e come il seminatore spargerle nelle foreste e sui prati.
Potessero le valli essere le vostre strade, e i verdi sentieri i vostri vicoli, così da cercarvi l'un l'altro tra i vigneti, accogliendovi a vicenda con il profumo della terra negli abiti.
Ma per queste cose non è ancora il tempo.
Per paura i vostri antenati vi hanno radunati troppo stretti insieme. E quella paura durerà ancora un poco. Ancora un poco le mura della vostra città separeranno i vostri focolari dai campi.

E ditemi, gente di Orfalese, cosa tenete in queste case? Cos'è che proteggete con le sbarre agli usci?
Forse la pace, il quieto desiderio che rivela in voi la forza?
Forse ricordi, questi archi risplendenti che sorreggono le sommità della mente?
Forse la bellezza, quella che sa condurvi dai legni e dalle pietre lavorate al sacro monte?
Ditemi, custodite tutto ciò nelle vostre case?
Oppure è solo la comodità, e la brama di comodità che subdola si fa ospite nella casa, e poi ne diventa padrona e poi ancora tiranna?

Sì, e col pungolo e la frusta vi rende burattini dei vostri desideri più intensi.
Sebbene le sue dita siano di seta, ha il cuore di ferro.
Vi culla sino al sonno per poi deridere accanto al letto la dignità della carne.
Schernisce i vostri sensi solidi, e li dispone sulla paglia come fragili vasi.
In verità la brama di comodità uccide la passione dell'anima, e va poi ridendo al suo funerale.

Ma voi, figli degli spazi, irrequieti nella quiete, non cederete all'insidia né sarete domati.
La vostra casa non sarà àncora ma albero di nave.
Non sarà una cuticola lucente che ricopre una ferita, ma una palpebra che protegge l'occhio.
Non ripiegherete le ali per attraversare l'uscio, né chinerete il capo per non urtare la volta, né tratterrete il respiro temendo che i muri si crepino e crollino.
Non abiterete sepolcri costruiti dai morti per i vivi.
E per quanto sontuose e piene di sfarzo, le vostre case non

potranno conservare il vostro segreto né albergare le vostre brame.
Poiché quel che in voi non ha confini alberga nella dimora del cielo, la cui porta è la bruma del mattino e le cui finestre sono i canti e i silenzi della notte.

[9]

E un tessitore disse: Parlaci degli Abiti.
E lui rispose:
I vostri abiti nascondono molta della vostra bellezza, ma non quel che non è bello.
Benché negli abiti ricerchiate la libertà del privato, in essi potreste finire imbrigliati e in catene.
Come vorrei vedervi incontrare il sole e il vento con la pelle del corpo e non con i troppi indumenti,
Poiché il respiro della vita è nella luce del sole e la sua mano è nel vento.

Taluni di voi dicono: «È il vento del nord che ci tesse addosso gli abiti».
E io vi dico: Sì, è il vento del nord,
Ma la vergogna è il suo telaio, e la tempra indebolita la sua trama.
E quando il suo lavoro è compiuto, eccolo ridere nei boschi.
Non dimenticate che la modestia vi fa scudo contro lo sguardo impuro.
E quando l'impuro sarà scomparso, cosa sarà la modestia se non ceppo e catene per la mente?
E non dimenticate che la terra gode a sentire i vostri piedi nudi e che il vento ha voglia di giocare coi vostri capelli.

[10]

Un mercante disse: Parlaci del Comperare e del Vendere.
E lui rispose e disse:
A voi la terra cede i frutti, e mai sarete nel bisogno se solo saprete come riempirvene le mani.
È nello scambiarvi i doni della terra che troverete l'abbondanza e sarete appagati.
Ma se lo scambio non avverrà nell'amore e nella giustizia generosa, condurrà alcuni all'ingordigia e altri alla fame.

Quando al mercato voi lavoratori del mare, dei campi e dei vigneti incontrate i tessitori, i vasai e gli speziali,
Invocate lo spirito supremo della terra affinché venga tra voi e consacri le bilance e diriga il giudizio che confronta valore a valore.
Non tollerate che quelli dalle mani aride partecipino ai vostri commerci offrendo ciance in cambio della vostra fatica.
A questi uomini dovreste dire:
«Unitevi a noi nei campi, o coi nostri fratelli andate sul mare a gettare le reti;
Poiché terra e mare saranno generosi con voi quanto con noi».

Ma se giungono i cantori e i danzatori e i suonatori di flauto, comperate anche i loro doni.

Poiché anch'essi raccolgono frutti e incensi e ciò che offrono, seppur fatto della materia dei sogni, è ornamento e cibo per la vostra anima.

E prima di lasciare il mercato, badate che nessuno se ne sia allontanato a mani vuote.
Poiché lo spirito supremo della terra non dormirà in pace nel vento sinché non siano soddisfatti i bisogni anche dell'ultimo di voi.

[11]

Poi uno dei giudici della città si fece avanti e disse: Parlaci del Delitto e del Castigo.
E lui rispose, dicendo:
È quando il vostro spirito se ne va errando con il vento,
Che voi, soli e senza vigilanza, fate torto agli altri e quindi a voi stessi.
E per il torto commesso dovete bussare e attendere a lungo inascoltati al cancello dei beati.

Come l'oceano è il divino in voi;
Resta incontaminato in eterno.
E come l'etere solleva soltanto chi ha le ali.
E anche come il sole è il divino in voi;
Ignora i meandri della talpa ed evita i cunicoli del serpente.
Ma il divino che risiede in voi non è solo.
Molto in voi è ancora uomo, e molto non è ancora uomo,
Bensì pigmeo informe che vaga addormentato nella nebbia in cerca del proprio risveglio.
È dell'uomo in voi che vi vorrei parlare.
Poiché è lui, non il divino né il pigmeo, che conosce il delitto e il suo castigo.

Sovente vi ho sentito parlare di chi ha sbagliato come se non fosse uno di voi, ma un estraneo e un intruso nel vostro mondo.
Però vi dico che così come il santo e il giusto non si possono

elevare al di sopra di ciò che in voi è più alto,
Così il malvagio e il debole non possono cadere al di sotto di ciò che in voi è più basso.
Così come la foglia non ingiallisce senza il tacito assenso dell'albero tutto,
Anche chi fa del male non può farlo se non col volere nascosto di ciascuno di voi.

Come in una processione camminate insieme verso il divino che è in voi.
Voi siete la via e i viandanti.
E quando uno di voi cade lo fa per chi gli va dietro, avvertimento contro la pietra d'inciampo.
Sì, e cade anche per chi l'ha preceduto, che pure più veloce e sicuro di piede non ha tuttavia rimosso la pietra d'inciampo.

E poi a voi dico questo, seppur le parole pesino sui vostri cuori:
La vittima non è senza responsabilità nel proprio assassinio,
E il derubato non è senza colpa nel furto subìto.
Il giusto non è innocente delle azioni del malvagio,
E chi ha la mano candida non è mondato dai misfatti dell'empio.
Sì, il colpevole è sovente vittima di colui che ha offeso,
E ancor più sovente il condannato regge il fardello di chi incede senza colpa e senza biasimo.
Non potete separare il giusto dall'ingiusto e il buono dal cattivo;
Essi stanno insieme davanti al sole così come il filo bianco e quello nero sono tessuti insieme.
E quando il filo nero si spezza, il tessitore dovrà controllare tutta la tela, e anche il telaio.

Se qualcuno di voi volesse portare a giudizio la sposa infedele,

Soppesi anche il cuore del marito e ne misuri l'anima.
E chi volesse frustare l'offensore osservi lo spirito dell'offeso.

E se tra voi c'è chi volesse portar castigo in nome di ciò che è giusto e porre la scure contro l'albero del male, che ne guardi le radici;
E in verità troverà le radici del buono e del cattivo, di ciò che dà frutto e di ciò che non ne dà, avvinte insieme nel cuore silenzioso della terra.
E voialtri giudici che vorreste essere giusti,
Quali giudizi pronunziate su colui che pur onesto nella carne è ladro nello spirito?
Quale pena infliggete a colui che uccide nella carne ma è lui stesso ucciso nello spirito?
E come processate chi nei fatti inganna e opprime,
Ma è a sua volta afflitto e oltraggiato?

E come castigherete coloro il cui rimorso è già più grande del loro misfatto?
Non è forse il rimorso la giustizia amministrata da quella stessa legge che ambite servire?
Ma non potete imporre il rimorso all'innocente né strapparlo dal cuore del colpevole.
Inatteso si presenterà nella notte, così che gli uomini destandosi guardino in se stessi.
Voi che vorreste capire la giustizia, come riuscirci se non valutando ogni azione in piena luce?
Soltanto allora comprenderete che chi s'erge e chi cade non sono che un unico uomo ritto nella luce crepuscolare che sta tra la notte del pigmeo in lui e il giorno del divino in lui,
E che la pietra angolare del tempio non è più alta della pietra più bassa delle sue fondamenta.

[12]

Allora un avvocato disse: E le nostre Leggi, maestro?
E lui rispose:
Voi godete nell'emanare leggi,
Ma godete ancora di più a trasgredirle,
Come i bambini che costruiscono con cura castelli di sabbia in riva al mare per poi distruggerli ridendo.
Mentre però costruite questi vostri castelli il mare porta nuova sabbia alla riva,
E quando li distruggete il mare ride con voi.
In verità, il mare ride sempre con gl'innocenti.

Ma che dire di coloro per i quali la vita non è un mare, e le leggi degli uomini non sono castelli di sabbia,
Per i quali la vita è un blocco di pietra, e la legge uno scalpello con cui inciderla a loro immagine e somiglianza?
Che dire dello zoppo che ha in odio i danzatori?
E del bue che amando il giogo reputa l'alce e il capriolo creature del bosco vagabonde e senz'arte?
E della vecchia serpe che non squama più e ritiene gli altri sfrontati e nudi?
Che dire di chi arriva presto al banchetto nuziale per poi, satollo e stanco, allontanarsi proclamando ogni banchetto fuorilegge e i convitati tutti trasgressori?

Che dovrei dire di costoro se non che stanno anch'essi innanzi al sole, rivolgendogli però la schiena?
Vedono soltanto le proprie ombre, ed esse sono le loro leggi.
Il sole per loro è solo ciò che proietta l'ombra.
Cos'è l'inchinarsi alle leggi se non un piegarsi per tracciare in terra la propria ombra?
Quando però avanzate rivolti al sole, quali immagini tracciate sulla terra potranno mai imbrigliarvi?

Voi che viaggiate con il vento, quale banderuola potrà mai dirigere il vostro incedere?
Quale legge umana potrà legarvi se spezzerete il giogo, ma non contro l'uscio della cella altrui?
Quali leggi temerete se danzerete, ma non inciampando sulle catene altrui?
E chi potrà mai condurvi a giudizio se pure vi strapperete gli abiti di dosso ma non abbandonandoli sul sentiero altrui?

Gente di Orfalese, potete attutire il rullo del tamburo, e allentare le corde della lira, ma chi potrà ordinare all'allodola di non cantare?

[13]

E un oratore disse: Parlaci della Libertà.
E lui rispose:
Alle porte della città e accanto ai vostri focolari vi ho visti prostrarvi e adorare la vostra stessa libertà,
Così come gli schiavi si umiliano davanti al tiranno e lo lodano sebbene lui li uccida.
Sì, tra gli alberi del tempio e nell'ombra della cittadella ho veduto i più liberi tra voi portare la loro libertà come giogo e catene.
E il mio cuore sanguinò; giacché potrete essere liberi soltanto quando persino il desiderio d'essere liberi vi peserà, e quando non parlerete più della libertà come di un fine e di un compimento.
Voi sarete invero liberi quando i vostri giorni avranno il loro affanno e le vostre notti bisogno e dolore,
Sarete liberi quando stretti da tutto ciò riuscirete comunque a ergervi nudi e senza vincoli.

Ma come elevarvi oltre i vostri giorni e le vostre notti se non spezzando le catene con cui agli albori della vostra comprensione avete cinto il vostro meriggio?
Invero, voi chiamate libertà la più forte di queste catene, sebbene i suoi anelli risplendano al sole abbagliandovi lo sguardo.

E cosa vorreste gettar via per esser liberi se non frammenti di voi stessi?
Se è una legge ingiusta che volete abolire, essa fu scritta di mano vostra sulla vostra fronte.
Non potete cancellarla mettendo al rogo i libri delle vostre leggi né lavando la fronte ai vostri giudici, per quanto possiate riversare il mare su di loro.
E se è un despota che vorreste destituire, accertatevi prima che sia distrutto il suo trono dentro di voi.
Infatti, come può un tiranno regnare sui liberi e sui fieri, se non per una tirannia che si agita nella loro stessa libertà e una vergogna che oscura la loro stessa fierezza?
E se è un affanno che volete respingere, badate: voi l'avete scelto e non vi è stato imposto.
E se è una paura che vorreste disperdere, essa risiede nel vostro cuore e non nella mano di chi temete.
In verità tutte le cose si muovono dentro di voi in un continuo semiabbraccio, desiderio e paura, ripugnanza e attrazione, voglia e disgusto.
In voi si agitano queste cose come luci e ombre strette insieme.
E quando l'ombra disperdendosi non c'è più, la luce che rimane diviene ombra per un'altra luce.
Così la vostra libertà quando smette le sue catene diviene essa stessa catena di una libertà maggiore.

[14]

E la sacerdotessa si fece di nuovo avanti e disse: Parlaci della Ragione e della Passione.
E lui rispose, dicendo:
La vostra anima è sovente un campo di battaglia sul quale ragione e giudizio si scontrano con le passioni e gli appetiti.
Potessi far da paciere nella vostra anima, e tramutare la discordia e la rivalità dei vostri elementi in una sola armonia!
Ma come potrò riuscirvi, se non sarete anche voi pacieri, se non amerete ogni vostro elemento?

La vostra ragione e la vostra passione sono il timone e la vela della vostra anima che va errando per mare.
Se la vela cede o il timone si spezza, finite sballottati alla deriva, o restate immobili in mezzo al mare.
Poiché se comanda soltanto la ragione è forza che imprigiona; e la passione priva di controllo è fiamma che brucia e si distrugge.
Lasciate quindi che la vostra anima esalti la vostra ragione fino alla massima passione, cosicché possa cantare;
E che diriga la passione con la ragione, cosicché la passione possa risorgere ogni giorno e come la fenice innalzarsi sopra le proprie ceneri.

Vorrei consideraste il giudizio e l'appetito come due benamati ospiti nella vostra casa.

Non dareste certo più onore all'uno a scapito dell'altro; giacché chi ha più cura di uno perde l'amore e la fiducia di entrambi.
Quando tra le colline sedete nella frescura dei pioppi bianchi e condividete la quiete e la serenità dei campi e dei prati lontani, ebbene, lasciate che il cuore dica in silenzio: «Dio riposa nella ragione».
E quando arriva la tempesta, e di notte il vento scuote il bosco, e tuoni e lampi proclamano la maestosità del cielo, allora lasciate che il cuore dica riverente: «Dio si muove con passione».
E poiché voi siete un alito nella sfera di Dio, e una foglia nella sua foresta, anche voi dovreste riposare nella ragione e muovervi con passione.

[15]

E una donna parlò, dicendo: Parlaci del Dolore.
E lui disse:
Il vostro dolore è lo spezzarsi del guscio che racchiude la vostra comprensione.
Come il nocciolo del frutto deve rompersi affinché il suo cuore sia esposto al sole, così voi dovete conoscere il dolore.
Se solo conservaste nel cuore lo stupore per i miracoli quotidiani della vita, il dolore non vi parrebbe meno meraviglioso della gioia;
E accettereste le stagioni del cuore come avete sempre accettato le stagioni che si susseguono sui campi.
Così, attraversereste serenamente gli inverni del vostro dolore.
Molto del vostro dolore lo scegliete voi.
È l'amara pozione con cui il medico che è in voi guarisce l'infermo che pure è in voi.
Confidate dunque nel medico, e bevete il suo rimedio in sereno silenzio:
Poiché la sua mano, seppur pesante e dura, è guidata da quella tenera dell'Invisibile,
E la coppa che vi porge, benché bruci le vostre labbra, è foggiata con la creta che il Vasaio ha inumidito con le sue stesse lacrime sacre.

[16]

E un uomo disse: Parlaci della Conoscenza di sé.
E lui rispose dicendo:
Il vostro cuore conosce nel silenzio i segreti dei giorni e delle notti.
Ma il vostro orecchio brama il suono della conoscenza che ha il cuore.
Vorreste sapere con le parole ciò che da sempre conoscete col pensiero.
Vorreste toccare con le dita il corpo nudo dei vostri sogni.

Ed è bene sia così.
La sorgente nascosta dell'anima dovrà pur sgorgare e correre mormorando verso il mare;
E il tesoro della vostra profondità infinita dovrà pur rivelarsi al vostro sguardo.
Ma non vi siano bilance a pesare questo tesoro ignoto;
Né sondate le profondità della vostra conoscenza con asta o scandaglio.
Poiché il vostro io è un mare infinito e sconfinato.

Non dite: «Ho trovato la verità», ma piuttosto: «Ho trovato una verità».
Né dite: «Ho trovato il sentiero dell'anima». Dite invece: «Ho incontrato l'anima che avanzava sul mio sentiero».

Poiché l'anima avanza su ogni sentiero.
L'anima non cammina su una linea, e nemmeno cresce come una canna.
L'anima si schiude come il fior di loto dai petali infiniti.

[17]

Allora disse un maestro: Parlaci dell'Insegnamento.
E lui disse:
Nessuno può insegnarvi se non quel che già in dormiveglia giace nell'alba della vostra conoscenza.
Il maestro che tra i suoi discepoli incede all'ombra del tempio non distribuisce saggezza propria, bensì la sua fede e la sua benevolenza.
Se veramente è saggio non vi invita a entrare nella dimora della sua saggezza, ma vi conduce piuttosto alla soglia della vostra stessa mente.
L'astronomo potrà parlarvi di ciò che ha compreso degli spazi, ma non potrà trasmettervi la sua comprensione.
Il musico potrà cantarvi il ritmo che riempie tutto lo spazio, ma non potrà prestarvi l'orecchio che coglie quel ritmo né la voce che gli fa eco.
E chi ha attitudine nella scienza dei numeri può spiegarvi i mondi dei pesi e delle misure, ma non condurvi al loro interno.
Poiché la visione di un uomo non presta le ali a un altro uomo.
E come ciascuno di voi sta solo nella conoscenza di Dio, così ciascuno dev'essere solo nella propria conoscenza di Dio e nella propria comprensione della terra.

[18]

E un giovane gli chiese: Parlaci dell'Amicizia.
E lui rispose dicendo:
L'amico è risposta al vostro bisogno.
È il campo che seminate con amore e che mietete con riconoscenza.
È la vostra mensa e il vostro focolare.
Poiché venite a lui affamati, e da lui ricercate la pace.

Quando l'amico vi confida il suo pensiero non trattenete dentro di voi l'assenso né risparmiategli il dissenso.
E quando rimane silenzioso il vostro cuore non cessi di ascoltare il suo;
Poiché è senza parole che nell'amicizia nascono e sono condivisi in silenziosa gioia ogni pensiero, ogni desiderio, ogni speranza.
Quando vi separate dall'amico, non ci sia dolore;
Poiché ciò che in lui più amate v'apparirà più chiaro nell'assenza, così come per lo scalatore la montagna si staglia più netta dalla pianura.
Non ci siano altri intenti nell'amicizia se non l'approfondimento dello spirito. Poiché l'amore che non cerca unicamente di spiegare se stesso non è amore ma una rete lanciata innanzi: in essa s'imprigiona solo ciò che non ha valore.
E che il meglio di voi sia per l'amico.

Se deve conoscere il riflusso della vostra marea, che ne conosca anche il flusso.
Poiché cos'è l'amico vostro che ricerchereste solo per uccidere il tempo?
Ricercatelo sempre nelle ore da vivere.
Poiché sta a lui colmare il vostro bisogno, ma non il vostro vuoto.
E nella dolcezza dell'amicizia ci siano risa, e la condivisione dei piaceri.
È nella rugiada delle piccole cose che il cuore trova il suo mattino e si rinnova.

[19]

E poi uno studioso disse: Parlaci del Conversare.
E lui rispose:
Voi parlate quando cessate d'essere in pace con i vostri pensieri;
E quando non riuscite più a soffermarvi nella solitudine del cuore vivete sulle vostre labbra, e il suono diventa svago e passatempo.
In molte delle vostre conversazioni il pensiero è per metà ucciso.
Poiché il pensiero è un uccello degli spazi, che nella gabbia delle parole può sì spiegare le ali ma non volare.

Alcuni di voi cercano i loquaci perché temono la solitudine.
Nel silenzio della solitudine si osservano nudi e vogliono allora fuggire via.
Ci sono poi coloro che parlano e senza volontà o intendimento svelano verità che loro stessi non comprendono.
E ci sono quelli che hanno in sé la verità, ma non la dicono con le parole.
È in seno a costoro che lo spirito alberga nel suo ritmo silenzioso.

Quando incontrate l'amico lungo la via o al mercato, lasciate che sia lo spirito a muovervi le labbra e a guidare la vostra lingua.

Lasciate che la voce della vostra voce parli all'orecchio del suo orecchio;
La sua anima custodirà la verità del vostro cuore così come si rammenta il sapore del vino.
Anche quando il colore è dimenticato e il calice non c'è più.

[20]

E un astronomo domandò: Maestro, e il Tempo?
E lui rispose:
Vorreste misurare il tempo che non ha misura né può essere misurato.
Vorreste disegnare la vostra condotta e persino dirigere il vostro spirito secondo ore e stagioni.
Vorreste ridurre il tempo a un ruscello sulla cui riva sedere per osservarlo nel suo fluire.

Ma l'eterno in voi riconosce l'eternità della vita,
E sa quanto l'oggi non sia che il ricordo di ieri e che il domani sarà il sogno di oggi.
Ciò che in voi canta e contempla abita tuttora entro il primo istante che ha cosparso il firmamento di stelle.
Chi tra voi non sente che la sua forza d'amare non ha limiti?
Eppure, chi non sente chiuso in sé quello stesso amore, che pur illimitato non si muove da un pensiero d'amore all'altro, né da gesta a gesta d'amore?
Il tempo non è dunque come l'amore, inscindibile e immobile?

Ma se nel vostro pensiero dovete poi misurare il tempo con le stagioni, allora che contenga ogni stagione tutte le altre,
E che il presente stringa a sé il passato nel ricordo e il futuro nella speranza.

[21]

E tra gli anziani della città uno si fece avanti dicendo: Parlaci del Bene e del Male.
E lui rispose:
Del bene in voi posso parlare, ma non del male.
Giacché che cos'è il male se non il bene torturato dalla sua stessa fame e dalla sua stessa sete?
In verità il bene affamato ricerca il cibo finanche nelle caverne oscure, e quando ha sete beve anche l'acqua morta.

Voi siete buoni quando formate un tutt'uno con voi stessi.
Ma quando non ci riuscite non siete cattivi.
Giacché la casa divisa non è un covo di ladri; è soltanto una casa divisa.
E la nave senza timone può vagare alla deriva tra scogli perigliosi ma senz'affondare.
Siete buoni quando vi sforzate di donare voi stessi.
Ma non siete cattivi quando cercate il vostro utile.
Poiché quando ricercate il vostro tornaconto, voi siete come la radice che, aggrappata alla terra, ne succhia il seno.
Il frutto non può dire alla radice: «Sii come me, matura e turgida e sempre generosa della tua abbondanza».
Giacché per il frutto dare è necessario, com'è necessario ricevere per la radice.

Siete buoni quando nelle vostre parole siete pienamente desti,
Ma non siete cattivi quando dormite mentre la lingua vacilla senza meta.
Anche incespicando le parole possono rafforzare una lingua debole.
Voi siete buoni quando procedete verso il vostro scopo con fermezza e passo ardito.
Ma non siete cattivi quando l'avvicinate zoppicando.
Anche gli zoppi non indietreggiano.
Ma voi che siete agili e forti, badate a non zoppicare innanzi agli storpi, pensando sia gentilezza.

Voi siete buoni in modi innumerevoli, ma non siete cattivi quando non siete buoni,
Perdete solo tempo e siete pigri.
Peccato che il cervo non possa insegnare alla tartaruga com'essere veloce.

La vostra bontà sta nella nostalgia per il gigante che è in voi: ed è una nostalgia che avete tutti.
Ma in alcuni è un torrente che corre impetuoso al mare trascinandosi dietro i segreti delle montagne e i canti dei boschi.
In altri invece è una corrente calma che s'attarda nelle insenature ed esita prima di raggiungere la riva.
Non dica però chi ha molta nostalgia a chi ne ha poca: «Perché sei lento ed esiti?».
Giacché chi è buono davvero non domanda a chi è nudo: «Dove sono i tuoi vestiti?» né a chi è senza tetto: «Cos'è stato della tua casa?».

[22]

Allora una sacerdotessa disse: Parlaci della Preghiera.
E lui rispose, dicendo:
Voi pregate nell'affanno e nel bisogno; ma pregare dovreste anche nella pienezza della gioia e nei vostri giorni di abbondanza.

Cos'è infatti la preghiera se non un proiettare voi stessi nell'etere che vive?
E se v'è di conforto riversare la vostra oscurità nello spazio, maggiore gioia avreste nel riversarvi la luce del vostro cuore.
E se sapete solo piangere quando l'anima vi chiama alla preghiera, dovrebbe spronarvi volta dopo volta dal pianto al riso.
Quando pregate vi innalzate per incontrare coloro che pregano in quello stesso istante, e che mai incontrereste se non nell'orazione.

Sia quindi la vostra visita a quel tempio invisibile null'altro che estasi e dolce comunione.
Poiché se entrerete nel tempio solo per domandare non riceverete:
E se vi entrerete per umiliarvi non sarete innalzati.
Se vi entrerete per implorare il sollievo altrui, non sarete ascoltati.
È sufficiente che entriate nel tempio invisibile.

Non posso insegnarvi a pregare con le parole.
Dio non ascolta le vostre parole se non quand'Egli stesso le pronuncia sulle vostre labbra.
Né posso insegnarvi la preghiera dei mari e dei boschi e delle montagne.
Ma voi che siete nati dai monti e dai boschi e dal mare potrete trovare nel vostro cuore le loro preghiere,
E se solo ascoltaste nella quiete della notte in silenzio li sentireste dire:
«Dio nostro, nostro io alato, è la tua volontà in noi che vuole.
Ed è il tuo desiderio in noi che desidera.
È il tuo sprone in noi che può trasformare le nostre notti, che sono tue, in giorni anch'essi tuoi.
Nulla possiamo chiederti giacché sai la nostra necessità prima ancora che in noi nasca:
Tu sei la nostra necessità; e nel darci più di te stesso tu ci dai tutto».

[23]

Poi un eremita, che veniva nella città una volta all'anno, si fece avanti e disse: Parlaci del Piacere.
E lui rispose:
Il piacere è un cantico di libertà,
Ma non è la libertà.
È il fiorire dei vostri desideri,
Ma non è il loro frutto.
È la profondità che chiama le altitudini,
Ma non è il profondo né l'alto.
È l'ingabbiato che spicca il volo,
Ma non è uno spazio circoscritto.
Sì, in verità il piacere è un cantico di libertà.
Come vorrei sentirvelo intonare con tutto il cuore; però non perdendo il cuore nella canzone.

Alcuni dei vostri giovani ricercano il piacere come fosse tutto, e li giudicate e li biasimate.
Non li giudicherei, io, né li biasimerei. Li lascerei cercare.
Giacché troveranno il piacere ma non solo quello;
Sette sono le sue sorelle, e l'ultima è più bella del piacere.
Non avete forse sentito dire di quell'uomo che scavando nella terra in cerca di radici ha trovato un tesoro?

E alcuni dei vostri anziani ricordano i piaceri con rammarico, come errori commessi nell'ebbrezza.

Ma il rammarico annebbia la mente, non la castiga.
Dovrebbero ricordare i piaceri con gratitudine, come fossero il raccolto di un'estate.
Ma se trovano conforto nel rammarico, che siano confortati.
E tra voi c'è chi non è né così giovane da cercare né tanto vecchio da ricordare;
E temendo di cercare o di ricordare evita ogni piacere, non volendo trascurare lo spirito né recargli offesa.
E proprio in questo sta il piacere suo.
Così anch'egli trova un tesoro sebbene cerchi radici con mani tremanti.
Ma ditemi, chi mai può offendere lo spirito?
L'allodola può offendere la quiete della notte, o la lucciola le stelle?
La vostra fiamma e il vostro fumo potranno rallentare il vento?
Pensate forse che lo spirito sia un'acqua immobile che potete agitare con un bastone?

Sovente negandovi il piacere lo costringete nei recessi dentro di voi.
E chissà, ciò che oggi sembra evitato, attende solo un nuovo giorno.
Il vostro corpo conosce il suo retaggio e le sue legittime necessità, e non vuol essere ingannato.
Il vostro corpo è l'arpa dell'anima,
Sta a voi trarne musica dolce o stridori confusi.

Ecco, ora nel vostro cuore vi chiedete: «Come riconosceremo ciò che nel piacere è buono da ciò che non lo è?».
Andate nei campi e nei vostri giardini, e imparerete come sia piacere dell'ape raccogliere il miele dai fiori,

Ma come sia anche piacere dei fiori cederlo all'ape.
Perché per l'ape il fiore è una sorgente di vita,
E per il fiore l'ape una messaggera d'amore,
E per entrambi, ape e fiore, donare e ricevere piacere è un'esigenza e un'estasi.

Gente di Orfalese, siate nei vostri piaceri come i fiori e le api.

[24]

E un poeta disse: Parlaci della Bellezza.
E lui rispose:
Dove troverete la bellezza e come, se lei stessa non vi sarà guida e indirizzo?
E come potrete parlarne se non sarà lei stessa a tessere il vostro discorso?

Gli afflitti e gli offesi dicono: «La bellezza è dolce e gentile.
Cammina tra di noi come una giovane madre intimidita dalla sua stessa gloria».
E dicono gli appassionati: «No, la bellezza è possente e riempie di timore.
Come una tempesta scuote la terra sotto di noi e poi anche il cielo sopra di noi».

Gli affaticati e stanchi dicono: «La bellezza è tutta un lieve mormorio ed è nello spirito che ci parla.
La sua voce si dona al nostro silenzio come una luce tenue che trema temendo l'ombra».
Ma gli irrequieti dicono: «L'abbiamo udita gridare tra le montagne,
E alle sue urla s'accompagnavano uno scalpitio di zoccoli e battiti di ali e ruggiti di leoni».

Di notte, i guardiani della città dicono: «La bellezza sorgerà a oriente con l'aurora».
E nel pieno meriggio operai e viandanti dicono: «L'abbiamo veduta sporgersi sulla terra dai davanzali del tramonto».

D'inverno gli uomini isolati tra le nevi raccontano: «Arriverà correndo con la primavera tra le colline».
E nell'afa dell'estate dicono i mietitori: «L'abbiamo vista danzare con le foglie dell'autunno, e aveva un soffio di neve tra i capelli».
Avete detto tutte queste cose della bellezza.
Ma in verità non avete detto di lei ma di desideri insoddisfatti,
E la bellezza non è un bisogno bensì un'estasi.
Non è una bocca assetata né una mano vuota protesa,
Bensì un cuore ardente e un'anima incantata.
Non è l'immagine che vorreste vedere e nemmeno la melodia che vorreste udire,
Bensì un'immagine che vedete pur serrando gli occhi e una melodia che ascoltate pur tappandovi le orecchie.
Non è la linfa sotto le rughe della corteccia né l'ala dell'artiglio,
è piuttosto un giardino sempre in fiore, uno stormo di angeli sempre in volo.

Gente di Orfalese, la bellezza è la vita quando la vita svela il suo santo volto.
Ma voi siete la vita e voi siete il velo.
La bellezza è l'eternità che si guarda in uno specchio.
Ma voi siete l'eternità e voi siete lo specchio.

[25]

E un vecchio sacerdote disse: Parlaci della Religione.
E lui rispose:
Ho parlato d'altro in questo giorno?
Non è la religione ogni atto e ogni riflessione,
E ciò che non è né atto né riflessione, non sono forse meraviglia e stupore che si sprigionano dall'anima senza sosta anche mentre la mano lavora il sasso o tende il telaio?
Chi può dividere la sua fede dalle sue azioni, il suo credo dalle sue occupazioni?
Chi può sparpagliare innanzi a sé le ore e dire: «Questa per Dio e questa per me; questa per la mia anima, e quest'altra per il mio corpo?».
Tutte le vostre ore sono ali che vanno nello spazio da io a io.
Chi tra voi si porta addosso la propria moralità come un vestito buono meglio farebbe ad andare nudo.
Il vento e il sole non gli squarceranno la pelle.
E chi tra voi si regola con l'etica imprigiona in una gabbia l'uccello che in lui vorrebbe cantare.
Il canto più libero non nasce da sbarre o reticolati.
Chi tra voi considera il culto una vetrata da aprire ma anche da chiudere non ha ancora visitato la casa dell'anima, le cui vetrate sono spalancate da un'aurora all'altra.

La vita di ciascun giorno è il vostro tempio e la vostra religione.

Entrateci ogni volta con tutto ciò che avete.
Portateci l'aratro e la fucina e il martello e il liuto,
Le cose che avete costruito per bisogno o per diletto.
Poiché neanche fantasticando riuscirete a elevarvi sopra le vostre conquiste né a cadere più in basso dei vostri fallimenti.
E portatevi appresso tutti gli uomini:
Poiché adorando non volerete più alti delle loro speranze né potrete in umiltà chinarvi più in basso della loro disperazione.

Se volete conoscere Dio non siate quindi dei solutori d'indovinelli.
Guardatevi intorno piuttosto e Lo vedrete intento a giocare coi vostri figli.
E osservate lo spazio, Lo vedrete camminare tra le nubi con braccia protese nei fulmini e nella pioggia battente.
Lo vedrete sorridere nei fiori, per poi levarsi e agitare le mani nelle fronde degli alberi.

[26]

Poi parlò Almitra, e disse: Vorremmo chiederti ora della Morte.
E lui rispose:
Vorreste conoscere il segreto della morte.
Ma come potrete scoprirlo se non cercando nel cuore della vita?
Il gufo i cui occhi notturni sono ciechi nel giorno non può svelare il mistero della luce.
Se veramente volete scorgere lo spirito della morte, spalancatevi il cuore al corpo della vita.
Poiché vita e morte sono tutt'uno, come lo sono il fiume e il mare.

Nella profondità delle vostre speranze e dei desideri risiede la silenziosa conoscenza che avete dell'aldilà;
E come semi sognanti sotto la neve i vostri cuori sognano la primavera.
Fidatevi dei sogni, poiché in essi si nascondono le porte dell'eternità.
La paura che avete della morte non è che il tremito del pastore quando innanzi al re sta per ricevere onore dalla sua mano.
Il pastore, pur tremando, non è forse lieto perché porterà il segno regale?
E tuttavia non bada ancor più al suo tremore?

Cos'è infatti morire se non restarsene nudi nel vento e sciogliersi sotto il sole?
Cos'è smettere di respirare se non liberare il respiro dai suoi irrequieti flussi così che possa alzarsi e spandersi e cercare Dio senza peso alcuno?
Soltanto quando berrete al fiume del silenzio canterete veramente.
E quando avrete raggiunto la vetta della montagna, allora comincerete a salire.
E quando la terra reclamerà le vostre membra, allora davvero danzerete.

[Epilogo]

E fu la sera.
E Almitra la veggente disse: Benedetto sia questo giorno e questo luogo e il tuo spirito che ha parlato.
Lui rispose: Io ho parlato? Non ero io pure qui ad ascoltare?

Poi discese i gradini del Tempio e tutto il popolo lo seguì.
Così, raggiunse la sua nave e si mise ritto sul ponte.
Guardò di nuovo il popolo e con voce forte disse:
Gente di Orfalese, il vento mi sollecita a lasciarvi.
Ho meno premura io del vento, ma devo andare.
Noi erranti, sempre in cerca della via più solitaria, non iniziamo mai un giorno dove l'altro abbiamo concluso; né l'aurora ci trova dove ci ha lasciato il tramonto.
Anche mentre la terra dorme noi andiamo errando.
Siamo i semi della pianta tenace, ed è nella maturità e nella pienezza del nostro cuore che veniamo consegnati al vento e dispersi.

Brevi sono stati i miei giorni tra voi, e più brevi ancora le parole che vi ho detto.
Ma dovesse la mia voce affievolirsi nelle vostre orecchie, e il mio amore svanire nella vostra memoria, allora io verrò di nuovo,
E con un cuore più ricco e labbra più obbedienti allo spirito vi parlerò.

Sì, tornerò con la marea,
E sebbene la morte possa nascondermi, e il più vasto silenzio avvolgermi, cercherò ancora la vostra comprensione.
E non invano cercherò.
Se è verità ciò che ho detto, essa si svelerà a voi con una più limpida voce, e con parole più affini ai vostri pensieri.

Vado con il vento, gente di Orfalese, ma non nel nulla;
E se questo giorno non è la risposta alle vostre necessità e al mio amore, sia allora una promessa nell'attesa di un altro giorno.
Le necessità dell'uomo mutano, ma non il suo amore, e nemmeno il desiderio in lui che l'amore sazi le sue necessità.
Sappiate quindi che da un più vasto silenzio farò ritorno.
La bruma che si disperde al sorgere del sole lasciando nei campi la rugiada s'innalzerà raccogliendosi in nuvola e poi ricadrà come pioggia.
E non diversamente dalla bruma sono stato io.
Nella quiete della notte ho camminato per le vostre strade,
E il mio spirito è entrato nelle vostre case,
E i battiti dei vostri cuori sono stati nel mio cuore, e il mio respiro sui vostri volti, e vi ho conosciuto tutti.
Sì, ho conosciuto la vostra gioia e il vostro dolore, e nel sonno i vostri sogni sono stati i miei sogni.
Sovente sono stato tra voi come un lago tra le montagne.
Ho riflesso le vette in voi e i declivi, e persino le greggi fuggevoli dei vostri pensieri e dei desideri.
E al mio silenzio sono giunte come ruscelli le risa dei vostri bimbi, e a fiumi i desideri dei vostri giovani.
E quando hanno raggiunto le mie profondità ruscelli e fiumi non hanno cessato per questo di cantare.

Ma qualcosa di ancor più dolce delle risa e più grande del desiderio è giunto a me.
Ed è ciò che in voi non ha confini;
L'uomo immenso di cui voi tutti non siete che cellule e nervi;
Lui nel cui cantico ogni vostro canto non è che un pulsare senza suono.
È nell'uomo immenso che voi siete immensi,
Ed è nell'ossevarlo che vi ho osservati e amati.
Poiché quali lontananze può colmare l'amore che non siano racchiuse in tale sfera immensa?
Quali visioni, quali attese e presupposizioni potranno mai sovrastare il suo volo?
Come una grande quercia carica di fiori di melo è l'uomo immenso in voi.
La sua possanza vi lega alla terra, il suo profumo vi libra nello spazio, ed è nella sua perseveranza che siete immortali.
Vi è stato detto che, a mo' di catena, siete deboli come l'anello più debole.
Ma è solo una parte del vero. Siete anche forti come l'anello più forte.
Valutarvi per la vostra minima azione è come misurare la potenza dell'oceano sulla fragilità della sua schiuma.
Giudicarvi dai fallimenti è biasimare le stagioni per la loro incostanza.

Sì, siete come un oceano,
E benché i bastimenti attendano stracarichi a riva l'alta marea,
così, come l'oceano, voi non potete fare fretta alla marea.
E siete anche come le stagioni,
E sebbene nel vostro inverno rinneghiate la vostra primavera,
Pure la primavera, che in voi risposa, sorride nel suo torpore e non s'offende.

Non pensate che io pronunci queste parole così che possiate dirvi l'un l'altro: «Ci ha lodato molto. Ha visto solo il bene in noi».
Io dico con le parole solo quello che già conoscete nel pensiero.
È cos'è la sapienza delle parole se non un'ombra della sapienza che non ha parole?
I vostri pensieri e le mie parole sono onde sospinte da una memoria sigillata dove stanno annotati i nostri ieri,
E i giorni antichi quando la terra non conosceva né noi né se medesima,
E le notti quando non era che un rimestio convulso.

Uomini savi sono venuti a voi trasmettendovi la loro saggezza. Io sono venuto a ricevere la vostra saggezza:
Ed ecco, ho trovato quel che è più grande della saggezza stessa.
È uno spirito di fuoco in voi che alimenta se stesso,
Mentre ignari del suo crescere piangete l'appassirsi dei vostri giorni.
È vita che cerca vita in corpi che temono la tomba.

Non ci sono tombe qui.
Queste montagne e pianure sono culla e pietra su cui posare il passo.
Ogni volta che vi soffermate davanti al campo in cui avete deposto i vostri antenati osservatelo attentamente, e vedrete voi stessi e i vostri figli danzare mano nella mano.
In verità voi sovente fate festa senza saperlo.

Altri a voi sono venuti ai quali per dorate promesse fatte alla vostra fede avete donato soltanto ricchezze, potere e gloria.

Meno di una promessa io vi ho dato, eppure più generosi ancora siete stati con me.
Mi avete offerto la più profonda sete per la vita.
Di sicuro non esiste dono più grande di quello che trasforma ogni mira dell'uomo in labbra ardenti, e la vita tutta in una fonte.
E in questo sta il mio onore e la mia ricompensa,
Ogni volta che mi accosto alla fonte trovo l'acqua della vita assetata anch'essa;
E mi beve mentre io la bevo.
C'è tra di voi chi mi ha giudicato orgoglioso e troppo fiero per accettare doni.
Troppo fiero lo sono per ricevere salari, ma non per i doni.
E sebbene io abbia mangiato le bacche sui monti quando m'avreste voluto alla vostra mensa,
E abbia dormito nel portico del tempio quando volentieri mi avreste ospitato,
Non è stata forse la premura amorosa che avete espresso per le mie giornate e per le mie notti che hanno reso più dolce il cibo alla mia bocca e cinto di sogni il mio riposo?

Per questo sopra tutto io vi benedico:
Voi date molto e neanche sapete di dare.
In verità la gentilezza che mira se stessa in uno specchio diventa pietra,
E la buona azione che celebra se stessa si fa parente della maledizione.
Tra voi alcuni m'hanno giudicato distante, ed ebbro della mia stessa solitudine,
Avete detto di me: «Ecco, tiene consiglio con gli alberi del bosco, ma non con gli uomini.
Siede solo in cima ai monti e scruta dall'alto la nostra città».

Vero è che son salito sulle colline e che ho camminato in luoghi lontani.
Come avrei potuto vedervi se non da molto in alto e da grande distanza?
E com'essere vicini se non si è distanti?

E tra voi altri si sono rivolti a me, non con le parole, e hanno detto:
«Straniero, straniero, amante delle cime inarrivabili, perché stai tra le vette dove l'aquila costruisce il nido?
Perché ricerchi l'irraggiungibile?
Quali bufere vuoi impigliare nella tua rete,
E a quali evanescenti uccelli dai la caccia in cielo?
Vieni e sii uno di noi.
Scendi e sazia la tua fame col nostro pane e placa la tua sete col nostro vino».
Nella solitudine dell'anima mi hanno detto queste cose;
Ma fosse stata più profonda la loro solitudine avrebbero saputo che ricercavo soltanto il segreto della vostra gioia e del vostro dolore,
E ho dato la caccia solo al vostro io più grande che percorre il cielo.
Ma il cacciatore è stato anche preda.
Poiché molte delle mie frecce hanno lasciato l'arco solo per conficcarsi nel mio petto.
E volavo ma strisciavo anche;
Poiché quando le mie ali si spiegavano nel sole la loro ombra sulla terra era una tartaruga.
E io il credente ero anche il dubbioso;
Poiché sovente ho posto il dito nella mia stessa piaga per poter credere in voi ancor di più e per conoscervi ancor di più.

Ed è con questo credo e questa conoscenza che vi dico,
Voi non siete chiusi nei vostri corpi, né confinati nelle vostre case e nei vostri campi.
Quel che siete abita sopra le montagne ed erra con il vento.
Non striscia sotto il sole in cerca di calore né si scava la tana al buio,
È libero, uno spirito che ammanta la terra e si muove nell'etere.

Se queste parole vi paiono vaghe, non cercate di chiarirle.
Vago e nebuloso è il principio di ogni cosa, ma non la fine,
E vorrei essere un principio nella vostra memoria.
La vita, e tutto ciò che vive, è concepita nella bruma e non nel cristallo.
E forse il cristallo non è bruma che si dissolve?

Questo vorrei ricordaste nel ricordarmi:
Quello che in voi sembra più debole e più sconcertato è il più forte e il più determinato.
Non è forse il vostro fiato che ha eretto e rinsaldato le vostre ossa?
E non è forse un sogno che nessuno di voi ricorda d'aver sognato, che ha costruito la vostra città e dato forma a tutto ciò che in essa sta?
Se poteste vedere le ondate di quell'alito cessereste di vedere ogni altra cosa,
E se poteste udire il sussurrio del sogno non udreste nessun altro suono.

Ma voi non vedete, né sentite, ed è un bene.
Il velo che vi annebbia gli occhi vi sarà tolto dalle mani che l'hanno tessuto,

E la creta che vi serra le orecchie sarà perforata dalle stesse dita che l'hanno plasmata.
E così voi vedrete
E udirete,
Ma non lamenterete l'essere stati ciechi, né rimpiangerete l'essere stati sordi,
Poiché quel giorno voi conoscerete lo scopo segreto di ogni cosa,
E benedirete il buio tanto quanto la luce.
Dopo aver detto queste cose si guardò intorno, e vide il nocchiere della sua nave che ritto accanto al timone osservava ora le vele spiegate, ora l'orizzonte.
E disse:
Paziente, troppo paziente è il capitano della mia nave.
Il vento soffia, e irrequiete sono le vele;
Persino il timone implora la mano che lo diriga;
Eppure quieto il mio capitano attende il mio silenzio.
E questi miei marinai, che hanno udito i cori del vastissimo mare, anch'essi mi hanno ascoltato pazienti.
Ora non dovranno più aspettare.
Sono pronto.
Il ruscello è giunto al mare, e ancora una volta la grande madre si stringe il figlio al seno.

Addio, popolo di Orfalese.
Questo giorno è giunto al termine.
Si richiude su di noi come la ninfea sul suo domani.
Ciò che oggi ci è stato donato lo serberemo,
E se non basterà, allora ci ritroveremo e insieme protenderemo le mani al donatore.
Non dimenticate che tornerò da voi.

Un solo istante, e il mio desiderio raccoglierà polvere e schiuma da un altro corpo.
Un solo istante, un attimo di riposo in seno al vento, e un'altra donna mi partorirà.

Addio a voi e alla giovinezza spesa assieme a voi.
Solo ieri ci incontrammo dentro un sogno.
Alla mia solitudine avete offerto canzoni, e coi vostri desideri ho eretto una torre in cielo.
Ora però il sonno si è dileguato e il nostro sogno è terminato, l'alba è passata.
Il meriggio ci sovrasta e il nostro dormiveglia si è tramutato in giorno pieno, dobbiamo separarci.
Se nel crepuscolo della memoria dovessimo ancora incontrarci, potremo conversare di nuovo e potreste offrirmi un canto più profondo.
E se le nostre mani s'incontreranno in un altro sogno, insieme erigeremo un'altra torre in cielo.

Così dicendo fece un cenno ai marinai, che subito levarono l'ancora e dagli ormeggi liberarono la nave che puntò a Oriente.
E un grido si levò dalla folla come da un cuore solo, un grido che s'innalzò nel crepuscolo e poi lontano sul mare come un grande squillo di tromba.
Soltanto Almitra restò silenziosa, guardando la nave sinché non scomparve nella nebbia.
E quando il popolo si fu disperso indugiò sola sopra il molo, ricordando nel suo cuore le parole che lui aveva detto:

«Un solo istante, un attimo di riposo in seno al vento, e un'altra donna mi partorirà.»

SABBIA E SCHIUMA

Sempre camminerò su queste spiagge,
tra sabbia e schiuma.
L'alta marea cancellerà le mie impronte,
e il vento dissolverà la schiuma.
Ma mare e spiaggia rimarranno
sempre.

*

Una volta colmai la mia mano di nebbia.
Poi la riaprii, ed ecco che la nebbia era un verme.
E la chiusi e la riaprii di nuovo e vi scorsi un uccello.
E ancora la chiusi e la riaprii, e nella palma stava un uomo,
dal viso triste rivolto verso l'alto.
E chiusi la mano ancora e quando la riaprii non vi era che nebbia.
Ma sentivo un canto di indicibile bellezza.

*

Solo ieri mi pensavo un frammento tremante senza ritmo nella sfera della vita.
Oggi so che io sono la sfera, e che tutta la vita si muove dentro di me in ritmici frammenti.

*

Mi dicono, al loro risveglio: «Tu e il mondo in cui vivi non siete che un granello di sabbia sulla spiaggia infinita di un mare infinito».
In sogno rispondo: «Io sono il mare infinito, e ogni mondo non è che un granello di sabbia sulla mia spiaggia».

*

Solo una volta rimasi muto. Fu quando un uomo mi chiese: «Chi sei?».

*

Il primo pensiero di Dio fu un angelo.
La prima parola di Dio fu un uomo.

*

Eravamo ondeggianti, vaganti, anelanti creature millenni prima che il mare e il vento della foresta ci dessero la parola. Ora, come esprimere l'antico dei tempi in noi con i soli suoni del nostro passato?

*

La Sfinge parlò una sola volta e la Sfinge disse: «Un granello di sabbia è un deserto, deserto è un granello di sabbia; e ora torniamo tutti al silenzio».
Ho udito la Sfinge, ma non ho compreso.

*

Una volta scorsi il viso di una donna, e vidi tutti i suoi figli non ancora nati.
E una donna mi guardò in volto e vide tutti i miei antenati, morti prima che lei fosse nata.

*

Ora vorrei realizzare me stesso. Ma come, se non diventando un pianeta popolato da vite intelligenti?
Non è questa la meta di ogni uomo?

*

Una perla è un tempio costruito dal dolore intorno a un granello di sabbia.
Quale anelito ha costruito i nostri corpi, e intorno a quali granelli?

*

Quando Dio lanciò me, una pietra, in questo lago meraviglioso, ne turbai la superficie con cerchi innumerevoli.
Ma quando toccai il fondo divenni immoto.

*

Datemi il silenzio e sfiderò la notte.

*

Rinacqui quando la mia anima e il mio corpo si amarono e si congiunsero in matrimonio.

*

Un tempo conoscevo un uomo dall'udito acutissimo; ma era muto. Aveva perso la lingua in battaglia.
Ora so le battaglie combattute da quell'uomo prima che scendesse il grande silenzio. Sono lieto che sia morto.
Il mondo non è grande abbastanza per contenerci entrambi.

*

Per lungo tempo giacqui nella polvere d'Egitto, silente e ignaro delle stagioni.
Poi il sole mi diede vita, mi alzai e camminai sulle rive del Nilo, cantando con i giorni e sognando con le notti.
E ora il sole mi calpesta con mille piedi perché io giaccia ancora nella polvere d'Egitto.
Ma quale meraviglia, quale enigma!
Quel sole che mi ha dato corpo non può disperdermi.
Ancora eretto e con passo sicuro cammino sulle rive del Nilo.

*

Il ricordo è una forma di incontro.

*

L'oblio è una forma di libertà.

*

Noi misuriamo il tempo secondo il movimento di soli innumerevoli; loro misurano il tempo con piccoli marchingegni nelle piccole tasche.
Ora ditemi, come potremo mai incontrarci nello stesso luogo, alla stessa ora?

*

Lo spazio non è lo spazio tra la Terra e il Sole per chi guarda in basso dalla finestra della Via Lattea.

*

L'umanità è un fiume di luce che scorre dall'esterno all'eterno.

*

Gli spiriti che dimorano nell'etere non invidiano all'uomo il suo dolore?

*

In cammino per la Città Santa incontrai un altro pellegrino e gli chiesi: «È questa la strada per la Città Santa?».
«Seguimi e arriverai alla Città Santa in un giorno e una notte» mi disse.
Lo seguii. E camminammo molti giorni e molte notti, senza mai giungere alla Città Santa.
Con mia sorpresa si adirò con me per avermi fatto sbagliare strada.

*

Dio, dammi in preda al leone, prima che Tu faccia del coniglio la mia preda.

*

Non si può raggiungere l'alba che per il sentiero della notte.

*

La mia casa mi dice: «Non lasciarmi, perché è qui che dimora il tuo passato».
E mi dice la strada: «Vieni e seguimi, perché sono io il tuo futuro».
E io dico alla casa e alla strada: «Non ho passato né futuro. Se resto c'è un andare nel mio rimanere; se vado, c'è un restare nel mio andarmene. Solo amore e morte cambiano tutto».

*

Come posso perdere la fede nella giustizia della vita quando i sogni di chi dorme tra le piume non sono più belli dei sogni di chi dorme per terra?

*

Strano: il desiderio di certi piaceri è parte del mio dolore.

*

Sette volte ho disprezzato la mia anima:
la prima volta quando la vidi farsi mansueta per raggiungere i vertici.
La seconda volta quando la vidi zoppicare davanti allo storpio.
La terza volta quando le fu concesso di scegliere tra facile e difficile, e scelse il facile.
La quarta volta quando commise un torto e si consolò dicendosi che anche gli altri sbagliano.
La quinta volta quando tollerò per debolezza, e attribuì la sua pazienza alla forza.
La sesta volta quando disprezzò la bruttezza di un volto, e non vi riconobbe una delle sue stesse maschere.
E la settima volta quando levò un cantico di lode credendosi, per questo, virtuosa.

*

Ignoro la verità assoluta. Ma sono umile di fronte alla mia ignoranza, e in questo stanno il mio onore e la mia ricompensa.

*

Tra ciò che un uomo immagina e ciò che un uomo realizza vi è uno spazio che solo il suo desiderio può attraversare.

*

Il paradiso è lì, dietro alla porta, nell'altra stanza; ma ho perduto la chiave.
Forse, è solo che non ricordo dove l'ho lasciata.

*

Tu sei cieco e io sono sordo e muto: tocchiamoci allora le mani e ci capiremo.

*

Il senso dell'uomo non è in ciò che raggiunge, quanto in ciò che aspira a raggiungere.

*

Alcuni di noi sono come inchiostro, altri come carta.
E se non fosse per il nero di alcuni di noi, altri sarebbero muti;
e se non fosse per il bianco di alcuni di noi, altri sarebbero ciechi.

*

Datemi un orecchio e vi darò una voce.

*

La mente è una spugna; il cuore è acqua corrente.
Non è strano che la maggior parte di noi scelga di assorbire invece di correre?

*

Quando aneli a benedizioni a cui non sai dare un nome, e quando soffri senza capire perché, proprio allora stai crescendo con quanto cresce, e ti stai elevando verso il tuo io più grande.

*

Quando t'inebria una visione, è il vino stesso a sembrarti il tuo pallido modo di esprimerla.

*

Tu bevi vino per ubriacarti, io bevo per rendermi sobrio da quell'altro vino.

*

Se il mio bicchiere è vuoto, mi rassegno perché è vuoto, ma se è mezzo pieno, mi arrabbio perché è pieno solo a metà.

*

La realtà di un altro non è in ciò che ti rivela, ma in ciò che non può rivelarti. Perciò se vuoi capirlo non ascoltare ciò che dice, ma ciò che non dice.

*

Metà di ciò che dico è senza senso; ma lo dico perché l'altra metà possa giungerti.

*

Il senso dell'umorismo è il senso delle proporzioni.

*

La mia solitudine è nata quando gli uomini lodarono i miei morbosi difetti e biasimarono le mie silenziose virtù.

*

Quando la Vita non trova chi canti il suo cuore, crea un filosofo per dar voce alla sua mente.

*

Una verità va sempre conosciuta, solo qualche volta pronunciata.

*

Ciò che è vero tace in noi; ciò che è acquisito è loquace.

*

La voce della vita dentro di me non può giungere all'orecchio della vita che è in te; ma parliamo, e non ci sentiremo soli.

*

Quando parlano due donne, non dicono nulla; quando parla una donna, rivela tutto della vita.

*

Le rane possono fare rumore più dei tori, ma non sanno tirare l'aratro nel campo, né girare la ruota del torchio, e con la loro pelle non si possono fare scarpe.

*

Solo chi è muto può invidiare chi chiacchiera.

*

Se l'inverno dicesse: «La primavera è nel mio cuore», chi gli potrebbe credere?

*

Ogni seme è un desiderio.

*

Se tu aprissi davvero gli occhi per vedere, vedresti sempre la tua immagine in tutte le immagini.
Se tu aprissi davvero le orecchie per sentire, sentiresti sempre la tua voce in tutte le voci.

*

Servono due persone per scoprire la verità: una per dirla, l'altra per capirla.

*

Nonostante l'onda delle parole sempre ci sovrasti, i nostri abissi sono sempre muti.

*

Molte dottrine sono come il vetro di una finestra: attraverso scorgiamo la verità, ma dalla verità ci rende divisi.

*

Ora giochiamo a nascondino. Se ti nascondi nel mio cuore non ci saranno difficoltà a trovarti. Ma se ti nascondi nel tuo guscio, sarà per tutti vano cercarti.

*

Una donna può velare il suo volto con un sorriso.

*

Come è nobile quel cuore che, gonfio di tristezza, sa cantare gioioso con cuori gioiosi.

*

L'uomo che vorrebbe capire una donna, o analizzare il genio, o risolvere il mistero del silenzio, è come chi desidera destarsi da un sogno stupendo per fare colazione.

*

Camminerò con chi è già in cammino. Non starò fermo a guardar passare la processione.

*

Devi più dell'oro a chi ti serve. Offrigli il tuo cuore oppure servilo.

*

No, non abbiamo vissuto invano. Non hanno forse alzato torri con le nostre ossa?

*

Cerchiamo di non essere parziali e restrittivi. La mente del poeta e la coda dello scorpione si levano in gloria dalla stessa terra.

*

Ogni drago genera un san Giorgio che lo uccide.

*

Gli alberi sono poemi che la terra scrive nel cielo. Noi li abbattiamo per farne carta da riempire della nostra vacuità.

*

Se desideri scrivere (e solo i santi sanno perché) ti occorrono conoscenza, arte e magia: conoscenza della musica delle parole, arte di essere senz'arte, e magia di amare i tuoi lettori.

*

Intingono la penna nei nostri cuori e pensano di essere ispirati!

*

Se un albero scrivesse l'autobiografia, non sarebbe diversa dalla storia di un popolo.

*

Se dovessi scegliere tra la possibilità di scrivere un poema e l'estasi di un poema non scritto, sceglierei l'estasi. È poesia più alta.
Ma tu e coloro che mi circondano siete d'accordo nel dire che scelgo sempre male.

*

La poesia non è un'opinione espressa. È un canto che proviene da una ferita sanguinante o da una bocca sorridente.

*

Le parole sono senza tempo. Dovresti scriverle o pronunciarle nella consapevolezza della loro eternità.

*

Il poeta è un re senza più trono che siede tra le ceneri del suo palazzo e cerca di comporre dalle ceneri un'immagine.

*

La poesia ha tanto della gioia, del dolore e della meraviglia, con appena un'ombra del lessico.

*

Invano il poeta cercherà la fonte dei canti del suo cuore.

*

Dissi una volta a un poeta: «Non ci è dato di conoscere il tuo valore fin quando morirai».
E lui rispose dicendo: «È così, la morte è sempre rivelatrice.
E se vuoi conoscere veramente il mio valore, sappi che è più nel mio cuore che sulle mie labbra, più nel mio desiderio che nelle mie mani».

*

Se canti la bellezza, anche se sei solo nel cuore del deserto, avrai ascolto.

*

La poesia è saggezza che incanta il cuore.
La saggezza è poesia che canta nella mente.
Se potessimo incantare il cuore dell'uomo e intanto cantare alla sua mente,
allora vivrebbe veramente all'ombra di Dio.

*

L'ispirazione canterà sempre; l'ispirazione non spiegherà mai.

*

Spesso cantiamo la ninnananna ai bambini per essere noi a prendere sonno.

*

Tutte le nostre parole non sono che briciole cadute dal banchetto dello spirito.

*

Il pensiero è sempre la pietra in cui inciampa la poesia.

*

Grande cantore è colui che canta i nostri silenzi.

*

Come puoi cantare a bocca piena?
Come potranno le tue mani levarsi in benedizione se colme d'oro?

*

Dicono che l'usignolo si trafigge il petto con una spina quando canta la sua canzone d'amore.
Così noi. Come potremmo altrimenti cantare?

*

Il genio non è che un canto di pettirosso al nascere di una tarda primavera.

*

Nemmeno lo spirito più elevato può sfuggire alla necessità fisica.

*

Il folle non è meno musicista di me e di te, soltanto lo strumento che suona è un po' scordato.

*

Il canto che giace silente nel cuore di una madre si leva armonioso dalle labbra del figlio.

*

Nessun vero desiderio resta inappagato.

*

Non sono mai stato completamente d'accordo con l'altra parte di me. La verità sembra stare nel mezzo.

*

L'altra tua parte è sempre in pena per te. Ma l'altra tua parte cresce nel dolore; va dunque tutto bene.

*

Non vi è lotta tra anima e corpo se non nella mente di coloro che hanno un'anima sopita e un corpo fuori forma.

*

Quando giungerai al cuore della vita troverai la bellezza in ogni cosa, persino negli occhi ciechi alla bellezza.

*

Viviamo solo per scoprire la bellezza. Tutto il resto non è che una forma di attesa.

*

Pianta un seme e la terra ti darà un fiore. Dona il tuo sogno al cielo e ti darà l'essere amato.

*

Il diavolo morì il giorno stesso in cui tu nascesti.
Non occorre quindi che tu attraversi l'inferno per incontrare un angelo.

*

Molte donne prendono in prestito il cuore di un uomo; solo poche riescono a possederlo.

*

Se vuoi possedere non devi pretendere.

*

Quando la mano di un uomo tocca la mano di una donna, entrambe sfiorano il cuore dell'eternità.

*

L'amore è il velo tra l'amante e l'amante.

*

Ogni uomo ama due donne: una è creazione della sua immaginazione; l'altra deve ancora nascere.

*

Gli uomini che non perdonano alle donne i loro piccoli difetti, non godranno mai delle loro grandi virtù.

*

L'amore che non si rinnova ogni giorno diviene abitudine e poi schiavitù.

*

Gli amanti si abbracciano l'un l'altro, ma è ciò che sta tra loro che soprattutto abbracciano.

*

Amore e dubbio non si sono mai rivolti la parola.

*

Amore è una parola di luce, scritta da una mano di luce, su una pagina di luce.

*

L'amicizia è sempre dolce responsabilità, mai un'opportunità.

*

Se non comprendi il tuo amico in ogni situazione, non lo comprenderai mai.

*

Il tuo abito più splendido è tessuto dalla mano di un altro;
il tuo pasto più appetitoso è quello che mangi al tavolo di un altro;
il tuo letto più comodo è in casa di un altro.
Ora dimmi, come puoi separarti dal prossimo?

*

La tua mente e il mio cuore non si accorderanno fino a quando la tua mente non smetterà di vivere nei numeri e il mio cuore nella nebbia.

*

Non ci potremo comprendere finché non ridurremo la lingua a sette parole.

*

Come potrà il mio cuore aprirsi senza spezzarsi?

*

Solo un grande dolore o una grande felicità possono svelare la tua verità.
Se vuoi rivelarti devi danzare nudo al sole o portare la tua croce.

*

Se la natura desse ascolto ai nostri consigli, nessun fiume raggiungerebbe il mare, e nessun inverno si tramuterebbe in primavera. Se dovesse ascoltare le nostre chiacchiere sulla parsimonia, quanti di noi respirerebbero quest'aria?

*

Non vedi altro che la tua ombra quando volgi le spalle al sole.

*

Sei libero davanti al sole del giorno, e libero davanti alle stelle della notte;
e sei libero quando non vi è sole, né luna, né stelle.
Sei libero anche quando chiudi gli occhi su tutte le cose.
Ma sei schiavo di colui che ami, perché lo ami,
e sei schiavo di colui che ti ama perché ti ama.

*

Siamo tutti mendicanti alle porte del tempio, e ciascuno di noi riceve la sua parte della generosità del Re, quando entra e quando esce dal tempio.
Ma siamo tutti gelosi l'uno dell'altro, e questo è un altro modo di sminuire il Re.

*

Non puoi nutrirti oltre il tuo appetito. L'altra metà del pane appartiene all'altro, e deve rimanerne un po' anche per l'ospite inatteso.

*

Se non fosse per gli ospiti, tutte le case sarebbero sepolcri.

*

Disse un lupo gentile a una semplice pecorella: «Non vuoi onorare la nostra casa con una visita?».
E la pecorella rispose: «Saremmo onorati di farlo, se la tua casa non fosse nel tuo stomaco».

*

Fermai il mio ospite sulla soglia e gli dissi: «No, non pulirti le scarpe quando entri, ma quando esci».

*

La generosità non consiste nel darmi ciò di cui io ho più bisogno di te, ma nel darmi ciò di cui tu hai più bisogno di me.

*

Sei caritatevole quando doni e, donando, volgi lo sguardo per non vedere la vergogna di chi riceve.

*

La differenza tra l'uomo più ricco e il più povero non è che un giorno di fame e un'ora di sete.

*

Spesso chiediamo un prestito al nostro futuro per pagare i debiti con il nostro passato.

*

Angeli e diavoli vengono a visitare anche me, ma so liberarmene.
Quando viene un angelo recito una vecchia preghiera ed egli si annoia;
quando si tratta di un diavolo commetto un vecchio peccato e lui passa oltre.

*

In fondo, non è una cattiva prigione; ma non mi piace questo muro tra la mia cella e quella del vicino;
eppure, vi assicuro, non intendo rimproverare né il guardiano, né il Costruttore della prigione.

*

Coloro che danno un serpente quando chiedi un pesce hanno forse solo un serpente da offrire. Sono dunque generosi.

*

Gli inganni qualche volta riescono, ma vanno sempre incontro al suicidio.

*

Sai davvero perdonare quando perdoni gli assassini che mai spargono sangue, i ladri che non rubano mai, i bugiardi che non pronunciano menzogna.

*

Chi sa sfiorare ciò che divide il bene dal male è lo stesso che sa toccare l'orlo della veste di Dio.

*

Se il tuo cuore è un vulcano, come puoi aspettarti che nella tua mano sboccino fiori?

*

Strana forma di autoindulgenza! Vi sono momenti in cui mi piace essere ingannato e offeso, per poter ridere alle spalle di chi crede che io non mi accorga di essere stato ingannato e offeso.

*

Che cosa posso dire di chi, persecutore, gioca la parte del perseguitato?

*

Lascia che colui che pulisce le sue mani sudice nel tuo abito, prenda anche questo. Lui può averne ancora bisogno, tu no.

*

È un peccato che i cambiavalute non possano essere bravi giardinieri.

*

Non nascondere i tuoi difetti innati sotto le virtù acquisite. Preferisco i difetti: sono simili ai miei.

*

Spesso mi sono attribuito colpe mai commesse, perché l'altro si sentisse a suo agio in mia presenza.

*

Anche le maschere della vita sono maschere di un mistero più profondo.

*

Puoi giudicare gli altri solo secondo la conoscenza di te stesso.
Ora dimmi: chi tra noi è colpevole e chi innocente?

*

Il vero giusto è colui che si sente un po' colpevole per i tuoi misfatti.

*

Solo l'idiota e il genio infrangono le leggi fatte dall'uomo; e sono i più vicini al cuore di Dio.

*

È solo quando sei inseguito che hai le ali ai piedi.

*

Non ho nemici, mio Dio, ma se mai avrò nemici
fa che abbiano forza pari alla mia,
ché solo la verità possa vincere.

*

Ci sarà pace con il tuo nemico solo quando morirete entrambi.

*

Forse un uomo può uccidersi per autodifesa.

*

Molto tempo fa visse un Uomo che fu crocifisso per essere stato troppo amato e troppo amabile.
È strano a dirsi, ma ieri io l'ho incontrato tre volte.
La prima volta chiedeva ad un poliziotto di non mettere in prigione una prostituta; la seconda volta beveva vino con uno straccione; e la terza volta faceva a pugni con un mercante in una chiesa.

*

Se tutto ciò che si dice sul bene e sul male fosse vero, la mia vita non sarebbe che un lungo crimine.

*

La pietà è solo giustizia a metà.

*

L'unico a essere stato ingiusto con me è colui di cui ho trattato ingiustamente il fratello.

*

Quando vedi un uomo condotto in prigione: «Forse sta scappando da una prigione più angusta» pensa in cuor tuo.
E quando vedi un ubriaco pensa: «Forse ha cercato di fuggire da qualcosa di ancora più orribile».

*

Spesso ho odiato per autodifesa; ma se fossi stato più forte, non avrei utilizzato quest'arma.

*

Com'è stupido colui che pensa di rimediare all'odio dei suoi occhi con il sorriso delle labbra.

*

Solo chi mi è inferiore mi può invidiare o odiare.
Non sono mai stato invidiato o odiato; non sono superiore a nessuno.
Solo chi mi è superiore mi può elogiare o sminuire.
Non sono mai stato elogiato né sminuito; non sono inferiore a nessuno.

*

Quando mi dici: «Non ti capisco» mi rivolgi un complimento superiore al mio valore, e rivolgi a te stesso un insulto che non meriti.

*

Quanto sono meschino quando la vita mi offre oro e io ti dono argento, e nonostante questo mi sento ancora generoso.

*

Quando raggiungerai il cuore della vita scoprirai di non essere superiore al malvagio e non inferiore al profeta.

*

È strano che si abbia pietà di chi è lento di piede e non di chi è lento di mente,
e di chi è cieco negli occhi anziché di chi è cieco nel cuore.

*

È più saggio per lo storpio non rompere le grucce in testa al nemico.

*

Quanto è cieco colui che ti compensa di tasca sua per ciò che ti viene dal cuore.

*

La vita è una processione. Chi è lento la trova troppo veloce e si fa da parte;
e chi è veloce la trova lenta e si fa da parte.

*

Se esiste qualcosa come il peccato, alcuni di noi lo commettono a ritroso seguendo le orme dei padri;
e altri lo commettono in prospettiva imponendosi ai propri figli.

*

Veramente buono è colui che si mette al livello di coloro che sono considerati cattivi.

*

Siamo tutti prigionieri, ma alcuni di noi sono in celle con le finestre, altri senza.

*

Strano come tutti noi difendiamo i nostri errori con maggior vigore dei nostri diritti.

*

Se dovessimo tutti confessarci i nostri peccati, ci deriderem-mo l'un l'altro per la nostra mancanza di originalità.
Se poi dovessimo confessarci le nostre virtù, ci derideremmo ugualmente per lo stesso motivo.

*

Un individuo è al di sopra delle leggi stabilite dall'uomo finché non commette un crimine contro le convenzioni stabilite dall'uomo;
dopo di che, non è né al di sopra né al di sotto di nessuno.

*

Il governo è un accordo tra te e me. Tu e io siamo spesso nel torto.

*

Crimine è un altro nome del bisogno o un aspetto particolare di una malattia.

*

Esiste colpa più grande dell'essere consapevole delle colpe altrui?

*

Se l'altro ride di te, puoi averne pietà; ma se sei tu a ridere di lui, non ti potrai mai perdonare.
Se l'altro ti offende, puoi dimenticarne l'ingiuria, ma se tu lo offendi te ne ricorderai sempre.
In verità l'altro è il tuo io più sensibile, vestito di un altro corpo.

*

Quanto sei sconsiderato quando vorresti che gli uomini volassero con le tue ali e non puoi nemmeno donare loro una piuma.

*

Una volta un uomo sedette alla mia tavola e mangiò il mio pane e bevve il mio vino e se ne andò ridendo di me.
Poi tornò in cerca di pane e vino, e lo respinsi;
e gli angeli risero di me.

*

L'odio è qualcosa di morto. A chi di voi piacerebbe essere una tomba?

*

L'onore della vittima è di non essere l'assassino.

*

La tribuna dell'umanità è nel suo cuore silenzioso, mai nella sua mente loquace.

*

Mi considerano folle perché non voglio vendere i miei giorni per oro;
e io li considero folli perché sono convinti che i miei giorni abbiano un prezzo.

*

Ci mostrano le loro ricchezze d'oro e d'argento, d'avorio e di ebano, e noi mostriamo loro i nostri cuori e i nostri spiriti; eppure loro si credono i padroni, e noi saremmo gli ospiti.

*

Preferirei essere l'ultimo degli uomini che ha dei sogni e il desiderio di esaudirli, piuttosto che essere il primo, senza sogni né desideri.

*

Il più degno di commiserazione, tra gli uomini, è colui che converte i suoi sogni in oro e argento.

*

Ci inerpichiamo tutti verso la vetta del desiderio che abbiamo nel cuore. Se l'altro scalatore ti ruba il sacco e la borsa e con l'una s'ingrassa e con l'altra s'appesantisce, dovresti aver pena di lui;
arrampicarsi sarà più duro per la sua carne, e il peso allungherà la sua strada.
E se tu, nella tua leggerezza, vedi la sua carne ansimare nella scalata, aiutalo a salire; ne guadagnerai in velocità.

*

Non puoi giudicare nessun uomo al di là di ciò che conosci di lui, e quanto poco sai di lui.

*

Non vorrei sentire il vincitore tenere una predica al vinto.

*

L'uomo veramente libero è colui che regge il peso della schiavitù con pazienza.

*

Mille anni fa, il mio vicino mi disse: «Odio la vita, perché non è che dolore».
E ieri, passando vicino al cimitero, ho visto la vita danzare sulla sua tomba.

*

Il conflitto, in natura, non è che disordine che anela all'ordine.

*

La solitudine è una silenziosa tempesta che distrugge i nostri rami secchi,
e tuttavia spinge le nostre radici viventi a fondo nel cuore vivente della terra vivente.

*

Un giorno a un ruscello parlai del mare, e il ruscello pensò che fossi ricco di fantasia;
e una volta parlai di un ruscello a un mare, e il sole pensò che fossi uno che diffama per disprezzo.

*

Com'è limitata la visione di chi esalta la formica laboriosa rispetto alla cicala canterina.

*

La più grande virtù di questo mondo può essere l'ultima in un altro.

*

Ciò che è profondo e ciò che è alto si estendono in profondità e in lunghezza secondo una linea retta; solo ciò che è spazioso si può muovere in cerchi.

*

Se non fosse per il nostro sistema di pesi e misure, proveremmo davanti alla lucciola lo stesso timore reverenziale che proviamo davanti al sole.

*

Uno scienziato privo di immaginazione è come un macellaio con i coltelli non affilati e le bilance non tarate.
Ma che cosa fare, dal momento che non siamo tutti vegetariani?

*

Quando canti, l'affamato ti ascolta con lo stomaco.

*

La morte non è più vicina al vecchio che al bambino; né lo è la vita.

*

Se davvero devi essere franco, fallo nel modo più bello; oppure resta in silenzio, poiché vi è un uomo nelle vicinanze che sta morendo.

*

Un funerale tra gli uomini è forse una festa di matrimonio tra gli angeli.

*

Una realtà dimenticata può morire e lasciare in eredità settemila fatti spiccioli da spendere per il suo funerale e per la costruzione della tomba.

*

In realtà noi parliamo solamente a noi stessi, ma talvolta a voce così alta che gli altri ci sentono.

*

L'ovvio è ciò che non si vede mai fino a quando qualcuno non lo esprime con semplicità.

*

Se la Via Lattea non fosse in me, come avrei potuto vederla o riconoscerla?

*

Se non fossi un medico tra medici non crederebbero che sono un astronomo.

*

Forse la definizione che il mare dà della conchiglia è la perla. Forse la definizione che il tempo dà del carbone è il diamante.

*

La fama è l'ombra della passione che si staglia nella luce.

*

Una radice è un fiore che disdegna la fama.

*

Non vi è né religione né scienza al di là della bellezza.

*

Ogni grande uomo che io abbia mai conosciuto era piccolo in qualche aspetto del suo carattere, ed era quella sua piccineria a salvarlo dall'inattività, dalla pazzia o dal suicidio.

*

Il vero grande uomo è colui che non domina su nessuno, e che da nessuno può essere dominato.

*

Non posso credere che l'uomo sia mediocre solo perché uccide i criminali e i profeti.

*

La tolleranza è amore malato di superbia.

*

I vermi si rivoltano, ma non è strano che persino gli elefanti si pieghino?

*

Un disaccordo può essere la via più breve tra due menti.

*

Sono fiamma e selva secca, e una parte di me consuma l'altra.

*

Tutti cerchiamo di raggiungere la vetta della montagna sacra; ma non sarà più breve la strada se consideriamo il passato come una carta e non come una guida?

*

La saggezza cessa di essere saggezza quando diviene troppo orgogliosa per piangere, troppo grave per ridere, e troppo piena di sé per cercare altro da se stessa.

*

Se mi fossi colmato di tutto ciò che sai, che spazio mi sarebbe rimasto per tutto ciò che non sai?

*

Ho imparato il silenzio dal loquace, la tolleranza dall'intollerante, la gentilezza dallo scortese; eppure, è strano, non sono grato a tali maestri.

*

Un bigotto è un oratore sordo come una campana.

*

Il silenzio dell'invidioso fa troppo rumore.

*

Quando giungi in fondo a ciò che dovresti sapere, sei all'inizio di ciò che dovresti sentire.

*

Un'esagerazione è una verità che ha perso la calma.

*

Se vedi solo ciò che la luce rivela e ascolti solo ciò che il suono annuncia,
allora, in verità, non vedi e non senti.

*

Un fatto è una verità asessuata.

*

Non puoi ridere ed essere scortese al tempo stesso.

*

I più vicini al mio cuore sono un re senza regno e un povero che non sa mendicare.

*

Un timido insuccesso è più nobile di un successo sfacciato.

*

Scava la terra dove vuoi e troverai un tesoro, solo, scava con la fede di chi coltiva la terra.

*

Disse una volpe inseguita da venti cavalieri e da una muta di venti cani: «Di sicuro mi uccideranno. Ma che poveri stupidi devono essere. Certamente non varrebbe la pena che venti volpi a cavallo di venti asini, accompagnate da venti lupi, andassero a caccia di un solo uomo per ucciderlo».

*

È la mente che è in noi a piegarsi alle nostre leggi, mai lo spirito.

*

Sono un viaggiatore e un navigatore, e ogni giorno scopro una nuova regione nella mia anima.

*

Una donna protestava dicendo: «Certo, è stata una guerra giusta. Mio figlio vi è morto».

*

Dissi alla Vita: «Vorrei sentire la Morte parlare».
E la Vita alzò un poco la voce e disse: «La stai ascoltando».

*

Quando hai risolto tutti i misteri della vita aneli alla morte, perché non è che un altro mistero della vita.

*

Nascita e morte sono le più nobili manifestazioni di coraggio.

*

Amico, tu e io rimarremo stranieri alla vita,
e l'uno all'altro, e ciascuno a se stesso,
fino al giorno in cui tu parlerai e io ascolterò
credendo di ascoltare la mia voce;
e fino a quando non starò dinnanzi a te
pensando di essere davanti a uno specchio.

*

Mi dicono: «Se conoscessi te stesso conosceresti tutti gli uomini».
E io rispondo: «Solo andando alla ricerca di tutti gli uomini conoscerò me stesso».

*

L'uomo è due uomini; uno è sveglio nelle tenebre, l'altro dorme nella luce.

*

Un eremita è un uomo che rinuncia al mondo dei frammenti per godere del mondo in modo pieno e senza interruzioni.

*

Tra lo studioso e il poeta vi è un prato verde; se lo studioso lo attraversa diviene un uomo saggio; se il poeta lo attraversa, diviene un profeta.

*

Ieri sera vidi dei filosofi nella piazza del mercato, portavano la loro testa in un cesto e gridavano: «Saggezza! Saggezza in vendita!».
Poveri filosofi! Dover vendere la testa per nutrire il cuore.

*

Disse un filosofo a uno spazzino: «Mi fai pietà, il tuo è un lavoro duro e sporco».
E lo spazzino: «Grazie signore. Ma ditemi, qual è il vostro lavoro?».
E il filosofo rispose: «Studio la mente dell'uomo, le sue azioni e i suoi desideri».
Allora lo spazzino continuando a scopare disse: «Anche voi mi fate pietà».

*

Colui che ascolta la verità non è da meno di chi dice la verità.

*

Nessun uomo può tracciare un confine tra lusso e necessità. Solo gli angeli possono, e gli angeli sono saggi e riflessivi.

Forse gli angeli sono i nostri pensieri migliori, liberi nello spazio.

*

Il vero principe è colui che trova il suo trono nel cuore del derviscio.

*

Generosità significa dare più di quello che si può, e orgoglio è prendere meno di ciò che serve.

*

In verità non devi nulla ad alcuno. Devi tutto a tutti.

*

Tutti coloro che hanno vissuto nel passato vivono con noi ora. Di sicuro nessuno di noi vorrà essere un ospite sgradito.

*

Colui che desidera di più, vive più a lungo.

*

Mi dicono: «Meglio un uovo oggi che una gallina domani».
Ma rispondo: «La gallina e la piuma di domani valgono di più di dieci uova di oggi».
La tua ricerca di *quella piuma* è la vita dal piede alato; o, più semplicemente, è la vita stessa.

*

Esistono solo due elementi: bellezza e verità; la bellezza nel cuore degli amanti, e la verità nelle braccia di chi coltiva la terra.

*

La grande bellezza mi cattura, ma una bellezza ancora più grande mi libera anche da se stessa.

*

La bellezza splende più luminosa nel cuore di chi la desidera che negli occhi di chi la vede.

*

Ammiro l'uomo che mi svela il suo pensiero; onoro chi mi rivela i suoi sogni. Ma perché sono timido e anche un po' vergognoso dinnanzi a colui che mi serve?

*

Una volta chi era ricco di talenti era orgoglioso di servire i prìncipi.
Ora reclama l'onore di servire i poveri.

*

Gli angeli sanno che troppi tipi pratici mangiano il pane grazie al sudore della fronte dei sognatori.

*

L'ingegno è spesso una maschera. Se fossi in grado di strapparla, scopriresti o un genio irritato o un'intelligenza che fa giochi di prestigio.

*

Chi capisce mi attribuisce capacità di capire e l'ottuso mi attribuisce ottusità. Penso che entrambi abbiano ragione.

*

Solo coloro che hanno segreti nel proprio cuore possono indovinare i segreti nel nostro cuore.

*

Colui che vuole condividere il tuo piacere ma non il tuo dolore perde la chiave di una delle sette porte del paradiso.

*

Sì, il Nirvana esiste: sta nel portare il tuo gregge al pascolo verde, nel mettere il tuo bimbo a dormire, nello scrivere l'ultima riga del tuo poema.

*

Scegliamo le nostre gioie e i nostri dolori molto prima di viverli.

*

La tristezza non è che un muro tra due giardini.

*

Quando gioia e dolore diventano grandi, il mondo diventa piccolo.

*

Il desiderio è metà della vita; l'indifferenza è metà della morte.

*

Ciò che è più amaro nel dolore di oggi è il ricordo della gioia di ieri.

*

Mi dicono: «Devi senz'altro scegliere tra i piaceri di questo mondo e la pace in quello che verrà».
E rispondo: «Ho scelto sia le gioie di questo mondo sia la pace dell'altro. Perché so, in cuor mio, che il Poeta Supremo non ha scritto che un solo poema, perfetto nella scansione e perfetto nelle rime».

*

La fede è un'oasi nel cuore che mai sarà raggiunta dalla carovana del pensiero.

*

Quando toccherai la vetta di te stesso, desidererai solo il desiderio, e avrai fame della fame; e avrai sete di una sete più grande.

*

Se riveli i tuoi segreti al vento, non rimproverare il vento per averli rivelati agli alberi.

*

I fiori di primavera sono sogni d'inverno narrati agli angeli a colazione.

*

Disse una puzzola a una tuberosa: «Guarda come corro veloce, mentre tu non sei in grado né di correre né di arrampicarti».
Rispose la tuberosa alla puzzola: «Oh, nobilissimo e velocissimo corridore, ti prego corri via veloce!».

*

Le tartarughe, di strade, ne sanno più delle lepri.

*

Strano che le creature prive di spina dorsale abbiano la corazza più dura.

*

Il più loquace è il meno intelligente, e vi è solo una minima differenza tra l'oratore e il battitore d'asta.

*

Ringrazia di non dover vivere all'ombra della fama di un padre o della ricchezza di uno zio.
Ma soprattutto sii grato che nessuno dovrà vivere all'ombra della tua fama o della tua ricchezza.

*

Solo quando un giocoliere manca la palla mi piace.

*

L'invidioso mi loda inconsapevolmente.

*

A lungo fosti un sogno nel sonno di tua madre, poi si svegliò per darti alla luce.

*

Il seme della razza è nel desiderio di tua madre.

*

Mio padre e mia madre desideravano un figlio e mi hanno generato.
E io volevo una madre e un padre e ho generato la notte e il mare.

*

Alcuni nostri figli sono le nostre giustificazioni; altri non sono che i nostri rimpianti.

*

Quando scende la notte e anche in te sono le tenebre, stenditi e sia la tua volontà l'essere buio.
E quando viene il giorno e in te sono ancora le tenebre, alzati e sia tua volontà dire al giorno: «Sono ancora nelle tenebre».
È stolto recitare una parte con la notte e una parte con il giorno.
Tutti e due riderebbero di te.

*

La montagna velata di nebbia non è collina; la quercia nella pioggia non è salice piangente.

*

Ecco, questo è un paradosso: il profondo e l'alto sono più vicini l'uno all'altro che ognuno al medio.

*

Quando mi misi dinnanzi a te, limpido specchio, guardasti in me e vedesti la tua immagine.
E dicesti: «Ti amo».
Ma in verità amavi te stesso, in me.

*

Quand'è un piacere amare il prossimo non è più una virtù.

*

L'amore che non sgorga continuamente, continuamente muore.

*

Non puoi possedere la giovinezza e, allo stesso tempo, la conoscenza di essa;
perché la giovinezza è troppo occupata a vivere per la conoscenza, e la conoscenza è troppo presa dalla ricerca di sé per la vita.

*

Potresti sedere alla finestra e osservare i passanti. E guardando potresti vedere una suora camminare verso la tua mano destra e una prostituta verso la tua mano sinistra.
E potresti affermare nella tua innocenza: «Come è nobile l'una e come è ignobile l'altra».
Ma se tu chiudessi gli occhi e stessi un attimo ad ascoltare sentiresti una voce sussurrare nell'etere: «L'una mi cerca nella preghiera e l'altra nel dolore. E nello spirito di ciascuna c'è una dimora per il mio spirito».

*

Ogni cent'anni Gesù di Nazareth incontra Gesù dei cristiani in un giardino tra le colline del Libano. Parlano a lungo; e ogni volta Gesù di Nazareth se ne va dicendo al Gesù dei cristiani: «Amico mio, temo che non andremo mai, mai d'accordo».

*

Che Dio alimenti il sovrabbondante!

*

Il grande uomo ha due cuori: l'uno sanguina, l'altro sopporta.

*

Se uno dice una menzogna che non danneggia né te né altri, perché non pensare che la dimora dei suoi fatti era troppo piccola per le sue fantasie, e che ha dovuto lasciarla per uno spazio più grande?

*

Dietro ogni porta chiusa c'è un mistero suggellato da sette sigilli.

*

L'attesa è lo zoccolo del tempo.

*

E se il problema fosse una nuova finestra nella parete a Oriente della tua casa?

*

Puoi dimenticare la persona con cui hai riso, mai la persona con cui hai pianto.

*

Dev'esserci qualcosa di stranamente sacro nel sale. È nelle nostre lacrime e nel mare.

*

Il nostro Dio, nella sua sete misericordiosa, berrà noi tutti, lacrime e gocce di rugiada.

*

Non sei che un frammento del tuo io gigantesco, una bocca che chiede pane, e una mano cieca che regge il calice per una bocca assetata.

*

Se ti sollevassi di appena un cubito sopra la tua razza, il tuo paese e te stesso, diverresti veramente simile a un dio.

*

Se fossi in te, non incolperei il mare e la bassa marea.
È una buona nave e il Capitano è capace; è solo il tuo stomaco che è in disordine.

*

Ciò che desideriamo e non riusciamo a ottenere è più caro di ciò che abbiamo già raggiunto.

*

Se fossi seduto su una nuvola non vedresti la frontiera tra un paese e l'altro, né la pietra di confine tra una fattoria e l'altra. Peccato che tu non possa sedere su una nuvola.

*

Sette secoli fa sette bianche colombe si levarono da una valle profonda e volarono verso la bianca vetta di una montagna. Uno dei sette uomini che assisteva al volo disse: «Vedo una macchia nera sull'ala della settima colomba».

Oggi la gente della valle racconta di sette colombe nere che volarono verso la sommità della montagna innevata.

*

In autunno raccolsi tutti i miei dolori per seppellirli in giardino.
E, quando aprile ritornò e la primavera si unì in matrimonio alla terra, crebbero nel mio giardino magnifici fiori diversi da tutti gli altri.
E i miei vicini vennero ad ammirarli, dicendo tutti: «Quando tornerà l'autunno, al tempo della semina, ci darai i semi di questi fiori, per poterli avere nel nostro giardino?».

*

Certo è misero tendere la mano vuota agli uomini e non ricevere nulla; ma la vera disperazione è tendere una mano piena e non trovare nessuno pronto a ricevere.

*

Bramo l'eternità: vi incontrerò le mie poesie non scritte e i miei quadri non dipinti.

*

L'arte è un passo dalla natura all'Infinito.

*

L'opera d'arte è nebbia modellata in immagine.

*

Perfino le mani che intrecciano corone di spine sono meglio delle mani oziose.

*

Le nostre lacrime più sacre non sgorgano mai dai nostri occhi.

*

Ogni uomo è discendente da ogni re e da ogni schiavo che sia mai vissuto.

*

Se il bisavolo di Gesù avesse saputo che cosa era nascosto in lui, non avrebbe provato soggezione per se stesso?

*

Era forse l'amore della madre di Giuda per suo figlio minore dell'amore di Maria per Gesù?

*

Vi sono tre miracoli di nostro Fratello Gesù non ancora scritti nella Bibbia: il primo che era un uomo come me e voi; il secondo che aveva il senso dell'umorismo; il terzo che era cosciente di essere un vincitore, anche se vinto.

*

O Crocifisso, sei crocifisso nel mio cuore; e i chiodi che ti trafiggono le mani, trafiggono le pareti del mio cuore.
E domani, quando uno straniero passerà da questo Golgota non capirà che siamo in due, qui, a sanguinare.
Penserà che sia il sangue di uno solo.

*

Hai forse sentito parlare della Montagna Santa.
È la più alta montagna del mondo.

Se tu raggiungessi la vetta, avresti un solo desiderio: scendere e rimanere con coloro che stanno nella valle più profonda. Ecco perché si chiama Montagna Santa.

*

Ogni pensiero che ho imprigionato in espressione deve liberarsi nelle mie azioni.

Gibran Khalil Gibran
e il suo tempo

	LA VITA E LE OPERE	STORIA, ARTE, SCIENZA E LETTERATURA
1883	6 gennaio: nasce a Bsharri, nel Libano settentrionale, in una famiglia povera cristiano-maronita. La madre, Kamilah Rahmi, aveva sposato il padre di Khalil dopo essere rimasta vedova del primo marito.	Sotto l'Impero ottomano, Naum Pascià diventa governatore al posto di Rustom Pascià, nobile di origini italiane. Nietzsche comincia a scrivere *Così parlò Zarathustra*, poi pubblicato due anni dopo.
1894	Emigra negli Usa con la madre e i fratelli, mentre il padre resta in Libano per problemi finanziari. A Boston, dove c'è una comunità di libanesi provenienti da Bsharri, frequenta la scuola pubblica e si fa notare per le doti artistiche.	A Boston scoppia un grande incendio che la distrugge in parte. I fratelli Lumière organizzano la prima proiezione cinematografica pubblica. L'anno prima era morto Walt Whitman, il poeta di *Foglie d'erba*.
1896	Conosce il fotografo d'avanguardia Fred Holland Day, che diventerà il suo mentore.	Nascono Francis Scott Fitzgerald e Eugenio Montale. Viene fondata Miami.
1898	Ritorna a Beirut, dove si iscrive alla Madrasat al-Hikmat per studiare lingua e letteratura araba.	Pierre e Marie Curie scoprono il radio. Gli Usa annettono le Hawaii.
1902	Terminati gli studi con profitto, rientra a Boston.	D'Annunzio compone *La pioggia nel pineto*.
1904	Inizia a collaborare con il giornale «L'emigrante» («al-Muhajir»), fino al 1908. F.H. Day allestisce una mostra dei suoi dipinti. Incontra Mary Elizabeth Haskell, con cui instaura un'intima amicizia e diventerà sua mecenate.	Theodore Roosevelt è confermato presidente degli Usa. A Saint Louis, nel Missouri, si tiene la terza edizione delle Olimpiadi, la più lunga dell'era moderna. Nasce il poeta Pablo Neruda. Muore Anton Cechov.
1906	Pubblica in arabo *Le ninfe della valle*, un'opera allegorica.	Un terremoto distrugge la città di San Francisco.
1908-1910	Esce, sempre in lingua araba, *Spiriti ribelli*. Grazie al finanziamento della Haskell, va a Parigi e studia arte all'Acadèmie Lucien; qui legge Rousseau, Nietzsche e Blake.	1908: primo volo pubblico dei fratelli Wright. 1909: Marinetti pubblica il *Manifesto del futurismo*.

	LA VITA E LE OPERE	STORIA, ARTE, SCIENZA E LETTERATURA
1911	Si trasferisce a New York, dove si dedica alla scrittura di saggi e racconti, in arabo e in inglese, oltre che alla pittura.	Incendio della fabbrica Triangle di New York, dove muoiono 146 operai, in gran parte donne. Picasso espone negli Usa.
1912	Esce *Le ali infrante*, il più lungo dei suoi racconti, in arabo.	Thomas Mann pubblica *Morte a Venezia*.
1913	Inizia a scrivere per la rivista culturale «Al-Funun» e a tradurre le sue opere in inglese.	Tagore vince il premio Nobel per la letteratura. Proust pubblica *La strada di Swann*.
1914	Esce *Il pianto e il sorriso*, un'antologia di racconti basati sugli articoli scritti per «L'emigrante».	Scoppia la Prima guerra mondiale. Gli Usa interverranno solo nel 1917.
1918	Esce il suo primo libro in inglese, *Il folle. Parabole e poesie* dall'editore Knopf di New York, che pubblicherà tutte le sue opere.	Mirò dipinge *La casa con la palma*, Picasso il *Pierrot*. Si conclude la Grande Guerra con la vittoria dell'Intesa sugli Imperi centrali.
1919	Il successo artistico viene consacrato da una raccolta di disegni senza testo, *Venti disegni*.	A Parigi si apre la Conferenza di pace: il Libano diventa protettorato francese.
1920	È tra i fondatori della Lega della penna, un circolo politico-letterario. Incontra Tagore. Pubblica *Il precursore. Parabole e poesie*.	Gandhi inizia la campagna di resistenza passiva e non violenta per ottenere l'indipendenza dell'India dagli inglesi.
1923	Pubblica *Il Profeta*, che riscuote un grande successo immediato.	A New York esce il primo numero del settimanale «Time».
1926	Pubblica *Sabbia e schiuma*, una raccolta di aforismi e poesie.	23 maggio 1926: è promulgata la Costituzione libanese e nasce il Consiglio parlamentare.
1928	Esce *Gesù, il figlio dell'uomo*. La salute peggiora, abusa di alcol.	Garcia Lorca dà alle stampe *Romancero gitano*.
1931	10 aprile: muore a New York di cirrosi epatica. Viene sepolto per sua volontà in Libano.	Dalì dipinge *Gli orologi molli*. Esce il film di Charlie Chaplin *Luci della città*.

Indice

PASSEPARTOUT

1. Francis Scott Fitzgerald
Il grande Gatsby
Introduzione di Roberto Mussapi
Traduzione di Alessandro Ceni

2. Luigi Pirandello
Uno, nessuno e centomila
Introduzione di Alberto Bertoni

3. Oscar Wilde
Il ritratto di Dorian Gray
Introduzione di Luca Scarlini
Traduzione e note di Luciana Pirè

4. Apuleio
La favola di Amore e Psiche
Introduzione di Vincenzo Guarracino
Testo latino a fronte

5. Erasmo da Rotterdam
Elogio della Follia
Introduzione di Riccardo Donati

6. Platone
Apologia di Socrate
Simposio
Introduzione di Martino Menghi
Testo greco a fronte

7. Federico De Roberto
I Viceré
Introduzione di Giovanni Capecchi

8. Alessandro Manzoni
I promessi sposi
Introduzione di Massimo Onofri

9. Oscar Wilde
Il fantasma di Canterville
e altri racconti
Introduzione di Roberto Mussapi
Traduzione e note di Luciana Pirè

10. **Vangeli apocrifi**
Scelta e commento di Angela Cerinotti
Introduzione di Cristina Simonelli

11. Luigi Pirandello
Il fu Mattia Pascal
Introduzione e note di
Matteo Marchesini

12. Friedrich Nietzsche
Al di là del bene e del male
Introduzione di Massimo Baldi

13. Gibran Khalil Gibran
Il Profeta - Sabbia e schiuma
Introduzione di Silvia Lutzoni

14. Emily Brontë
Cime tempestose
Introduzione di Margherita Ghilardi

15. Arthur Rimbaud
Una stagione all'inferno
Poesie - Illuminazioni
Introduzione e traduzione di
Alessandro Quattrone

16. **Imitazione di Cristo**
Introduzione di Stella Morra
Traduzione di Alessandro Quattrone

Printed by Amazon Italia Logistica S.r.l.
Torrazza Piemonte (TO), Italy

22478255R00084